이 책이 여러분들의 일상과 요리에 후추처럼 작은 팁이 되길 바랍니다.

JOMALSOON

조말순 채소법

김지나 지음

| 도시락 |

prologue

소박한 음식
조화로운 삶

헬렌 니어링의 책들을 읽으며 실제로 매일 먹는 음식에 대해 다시 생각해보게 되었다. 그들이 강조하는 매일 차려 먹는 식사의 간소함이 좀 더 중요하게 다가왔고 이에 대해서 더 많이 생각하고 실천해보려고 한다. 아직은 갖고 싶은 것, 먹고 싶은 것, 하고 싶은 것이 많지만 그런 인식을 가진 뒤부터는 무엇이든 두세 번 더 생각하게 되었다.

무언가를 지속적으로 생산하고 판매해야 하는 직업을 가진 나에게 있어 소유와 생활의 간소화라는 것이 조금 아이러니한 가치관일 수도 있다. 먹는 것이 전부는 아니지만 일상의 중요한 부분이기에, 그리고 그것이 나의 직업이기 때문에 생각이 복잡했다. 음식을 일로만 대하면 마음이 한결 가벼웠을 텐데, 이 일을 나와 동일시해버려 마음이 힘들 때도 많았다. 일과 삶을 일치시킨다는 것은 욕심일지도 모르겠다. 하지만 시간을 들여 조금씩 맞춰가다 보면, 지금보다 한결 편한 마음으로 살아내고 일해내고 있지 않을까.

그렇게 나 개인의 생활에 대한 자세를 정비하고 나서 다시 판매하는 자의 입장으로 돌아와 보면, 너무 많은 것을 하려 하기보다 잘할 수 있는 것에 집중하고 노력하는 것이 간결한 삶과 나의 일을 함께 이어나갈 수 있는 길이기도 할 것 같다는 생각이 든다. 고민이 많았던 이 책을 쓰게 된 이유도 같은 맥락에서 나온 것이다. 내가 만들 수 있는 모든 음식을 판매하지 않아도 이 소박한 음식들이 전해질 좋은 방법이 될 거란 확신이 들었다. 그래서 책에서 소개한 음식들이 눈으로만 보고 끝나는 것이 아니라 '별거 아니잖아?!'라며 기꺼이 움직일 수 있는 음식들이면 좋겠다.

김지나

Special thanks to

제가 만드는 모든 요리의 근원이자, 저의 비효율적이고 비현실적인 이상을 언제나 지지하고 용기를 주시는 조말순 여사님께 사랑과 감사를 전합니다.

일러두기

- 완벽한 채식주의를 위한 요리책이 아닌 채소 그 자체를 가장 맛있게 먹기 위한 요리책입니다. 쉽고 간단한 레시피들로 채소와 친해질 수 있도록 소개합니다.

- 전체적으로 간이 싱거운 편입니다. 레시피대로 만들어보고 입맛에 따라 소금 혹은 간장을 추가해주세요.

- 한 번의 조리로 도시락이나 밥 반찬으로 넉넉하게 즐기기 위해 대부분의 메뉴는 2인분을 기준으로 하였으나 메뉴 특성에 따라 달라질 수 있어 각각 따로 표기했습니다. 넉넉히 만들어두고 먹는 저장 음식이나 수프는 표기하지 않았습니다. 사람마다 각자의 양이 다르니 우선 레시피 분량 그대로 만들어보고 조절하기를 추천합니다.

- 정량이 크게 중요하지 않은 재료는 어림치로 안내합니다.

- 도시락 특성에 따라 여러 가지 영양소와 맛이 충족될 수 있는 구성으로 소개했습니다. 처음에는 레시피대로 만들어보고, 두세 번 만들어보며 자기의 입맛에 맞게 조금씩 변형해보세요.

contents

Prologue
소박한 음식 조화로운 삶 · 2

Intro
자주 사용하는 재료와 양념 · 34
미리 준비해두면 좋은 밑작업 · 36
솥밥 만들기 · 40
맛있는 채소 도시락 만드는 팁 · 42

PART 1
밥과 함께 든든하게 즐기는 채소 도시락

1. 채소 나물튀김 | 채소 간장절임 | 머위꽃 된장 · 49
2. 고추냉이 오이김밥 | 땅콩소스로 버무린 브로콜리와 아스파라거스 · 59
3. 곤드레감자솥밥 | 깨로 버무린 우엉조림 | 버섯 피클 · 67
4. 유부달걀말이 | 단호박 풋마늘 간장볶음 | 오이 간장 초절임 · 77
5. 캐슈너트와 우엉을 곁들인 두부볶음 | 비트 양파 초절임 · 83
6. 볶은 아스파라거스를 넣은 달걀말이김밥 | 양배추 초절임 | 구운 채소 · 89
7. 뿌리채소 영양솥밥 | 렌틸콩볶음 | 오이 초무침 · 97
8. 볶은 궁채나물을 올린 버섯솥밥 | 세발나물 옥수수전 | 채소 피클 · 105
9. 볶은 멸치를 올린 피스타치오솥밥 | 당근 겨자 절임 | 버섯조림 · 113
10. 매실 절임 주먹밥 | 구운 두부와 채소 샐러드 · 119
11. 버섯 취나물 주먹밥 | 항정살 완두콩볶음 | 채소 겨자절임 · 125
12. 찰흑미 병아리콩밥 | 건표고버섯 무말랭이볶음 | 오이 배추 절임 · 133

13. 엄나무 순 주먹밥 | 가지 무 강정 · 139

14. 미나리 소보로 주먹밥 | 브로콜리 초무침 | 연근 구이 · 147

PART 2

고기와 즐기면 더 맛있는 채소 도시락

15. 쑥갓 주먹밥 | 닭 날개 구이 · 157

16. 바질페스토에 버무린 감자 | 배를 곁들인 불고기 샐러드 · 163

17. 아스파라거스를 넣은 돼지고기 룰라드 | 배 퀴노아 샐러드 · 169

18. 항정살 마 고구마볶음 | 열무 덮밥 · 177

19. 닭다리살 곰취 우엉 주먹밥 | 오크라 대파 구이 · 185

20. 광어 두릅 주먹밥 | 오이 겨자절임 · 191

21. 문어와 매실을 넣은 나물 김밥 | 연근튀김 · 197

22. 토마토살사와 오리고기 월남쌈 · 205

23. 새우를 올린 차가운 토마토수프 · 211

24. 구운 금귤을 곁들인 주꾸미 샐러드 · 215

25. 그린 올리브소스를 곁들인 소시지와 채소찜 · 219

PART 3

간편한 한 그릇 채소 도시락

26. 채소 지라시 덮밥 · 227

27. 가쓰오부시를 올린 두부 참나물 덮밥 · 233

28. 오크라 절임과 낫토 | 채소 버터구이 덮밥 · 237

29. 튀긴 두부와 마를 올린 채소 덮밥 · 243

30. 주키니 유부말이밥 · 249

31. 생고사리 무김밥 · 255

32. 박고지 두릅김밥 · 261

33. 구운 두부를 넣은 풋마늘김밥 · 267

34. 고구마 후무스 샌드위치 · 273

35. 당근 우엉 절임을 넣은 버섯 샌드위치 · 279

36. 캐슈미소소스를 바른 단호박 샌드위치 · 285

37. 양배추 절임을 넣은 감자 크로켓 샌드위치 · 291

38. 가지 퀴노아 무스를 바른 사과 샌드위치 · 297

PART 4

몸이 가벼워지는 샐러드 도시락

39. 초당옥수수 퀴노아 샐러드 · 305

40. 콜라비 사과 찹 샐러드 · 309

41. 참외 퀴노아 샐러드 · 315

42. 병아리콩 크로켓과 채소 샐러드 · 321

43. 단호박 후무스와 금귤 케일 샐러드 · 327

44. 부라타 치즈와 오렌지 고수 샐러드 · 331

45. 천도복숭아살사를 올린 감자 샐러드 · 335

46. 삶은 달걀과 연근 칩을 곁들인 청포도 양배추 샐러드 · 339

47. 살라미 토마토 곡물 샐러드 · 345

48. 두부 스프레드와 오리엔탈 곡물 샐러드 · 351

49. 두부소스로 버무린 새우 샐러드 · 357

50. 리코타 치즈를 곁들인 호박 모듬 구이 샐러드 · 361

51. 참외 비트 절임과 견과조림을 넣은 메밀쌈 · 365

> PART 5

몸과 마음이 따뜻해지는 채소 도시락

52. 매운 렌틸콩 토마토 수프 · 373

53. 버섯 배추 크림수프 · 379

54. 시금치 호두 크림수프 · 385

55. 콩비지 양송이 크림수프 · 389

56. 고사리 우엉튀김을 올린 감자 크림수프 · 393

57. 단호박 수프 · 399

58. 맑은 연근 완자 수프 · 403

59. 광어뼈로 육수를 낸 감자 무 스튜 · 409

60. 두유를 넣은 뿌리채소 스튜 · 415

61. 우엉 버섯볶음을 올린 연근 감자 그라탱 · 421

62. 미소 크림 채소 그라탱 · 427

나는 정확히 언제부터인지 모르겠지만
아주 어릴 때부터 아토피가 있었다.

여전히 원인을 알 수 없는 질환이지만 그때엔 지금만큼 아토피를 앓는 사람이 많지 않아 어떻게 치료를 하고 케어해야 할지 막막해 많이 힘들었다. 그런 이유로 엄마는 더욱 집에서 해주시는 음식에 신경을 쓰셨던 것 같다.

만성피로처럼 들러붙은 질환 때문에 불편함은 생활이 되었고, 어느 순간부터는 포기하고 그냥 그러려니 하고 지냈다. 조금 피곤하거나 스트레스를 받으면 늘 가려움이 시작되고, 그런 현상이 오래 지속되니 눈, 코 등으로 증상이 번져갔다. 그러다 20대 후반에 들어서서 계속 이런 불편함을 안고 살 수는 없을 것 같아 고쳐보자는 마음으로 다시 병원을 다니며 치료를 시작했다. 치료가 잘못된 건지 스트레스였는지 모르겠지만 생전 처음 보는 현상들이 몸에 생기기 시작했다. 면역력이 떨어져 온몸이 수포와 진물로 퉁퉁 부어서 2년 정도 모든 일을 멈추고 햇빛도 보지 못한 채로 누워서 지냈다. 이렇게 죽는 건가 싶은 생각이 들었다. 그때 정말 많은 병원을 다니고 많은 약을 먹었다. 민간 요법으로도 안 해본 것이 없었다. 그렇게 서울에서 혼자 버티고 버티다가 도저히 더는 안 될 것 같아 엄마가 계신 부산으로 내려왔고, 다행히 몇 달 뒤부터 조금씩 회복되기 시작했다.

**그때, 체질과 식습관에 대해 많이 알아보고
먹는 음식을 바꿔보는 것으로 관심이 옮겨갔다.**

자극적인 음식과 외식을 거의 줄였고, 비건 음식으로 몇 달을 지내보기도 했다. 비건식을 하며 가장 좋았던 점은 전보다 재료의 성분이나 생산지, 유통 과정 등에 많은 관심을 갖게 된 것이다. 안타깝게도 나에게는 완전한 비건식이 맞지 않아 중단했지만, 채소의 중요성과 채소가 줄 수 있는 영양에 대해 많이 알게 되었기에 식단은 자연스레 변했다. 아프기 전보다 몸의 상태도 훨씬 좋아졌다. 개인적으로는 기력 보충의 목적과 가끔씩 찾아오는 육식에 대한 탐으로 완전한 채식을 하진 못하지만, 피치 못할 경우가 아니라면 늘 채소의 비율이 가장 높은 식사를 한다. 몸의 컨디션이 좋지 않다 싶으면 충분한 잠을 자고 일주일 정도는 완전한 채식을 한다.

내가 운영하던 카페 이름인 '조말순'은
엄마의 이름이다.

예상 가능한 대로 막내라서 조말순이었다. 처음 가게를 하기 전, 갱년기인 엄마의 자존감을 찾아드리기 위해 엄마가 잘 만드시는 몇 가지 품목을 병에 담아 플리마켓을 나가보기로 했다. 이왕 하는 거 디자이너로 일해본 경험을 살려 마트에서 파는 것처럼 라벨도 만들어 붙여보자고 했다. 정작 엄마 본인은 싫어하던 이름 그대로를 아주 심플하고 귀하게 만들어보고 싶었다.

그렇게 나의 재미와 엄마의 부끄러움을 더해 몇 가지 품목을 들고 플리마켓에 나갔고 예상보다 반응이 좋았다. 한두 번 나가고 끝날 줄 알았는데, 여기저기서 주문이 들어왔다. 1년 정도 그렇게 보내다 엄마의 이름으로 작은 카페를 열기로 했다. 그렇게 카페 조말순이 시작되었다.

이후에 주변 지인들과 나누어 먹던 도시락의 반응이 좋아 결국에는 도시락도 판매하는 독특한 카페가 되었다. 도시락 특성 때문에 고민되는 것들이 많았는데, 시간이 지나도 변질이 적고 다음 날 먹거나 다시 데워 먹어도 맛있는 도시락을 만들고 싶었다. 그렇게 도시락에 대한 공부가 쌓여 많은 분들이 좋아해 주시는 곳이 되었다.

도시락은 '챙김'이라는 의미가 깔려 있다.

집 밖에서도 다른 사람과 나 자신을 챙기기 위해 정성으로 도시락을 만들게 되기 때문이다. 이는 다른 말로 삶을 소중히 챙기고 주변을 살피는 마음의 표현이 아닐까 싶다. 잘 하고 못하고는 나중 문제이다. 식사를 챙기고 삶을 돌보다 보면 나와 사랑하는 사람들이 조금씩 건강해지지 않을까 싶다. 몸의 건강뿐만 아니라 마음까지도 말이다.

아주 가끔, 대단한 요리사도 아닌 내가
음식을 판매하는 것이 괜찮은 건가라는
생각이 들 때가 있다.

그럴 때마다 나에게 자신감과 힘을 불어넣어 주는 건
어린 시절부터 엄마와 긴 시간 꾸준히 만들어온 몇 가지 음식이다.
중학교를 들어가면서부터 대학생이 될 때까지는 직접 키운
매실로 청과 절임을 만들어 매일 먹었는데,
시간이 지나고 보니 그렇게 자연스럽게 익힌 음식과
입맛이 내 요리의 바탕이 되어 있었다. 생활에 스며 있는
음식들이 내 요리의 특징이 아닐까 싶다.
그 특징을 보여주는 재료가 바로 매실이다.
이제는 여름이 시작되는 6월 초가 되면 푸르고 단단한 매실로
절임을 만들고, 2~3주 뒤 속이 좀 더 노래진 매실을 이용해
향긋한 매실청을 담는다. 그리고 2~3주가 지나면 겉이 노랗게
변하기 시작하고 향이 더 짙어진 매실로 우메보시를 만든다.

이렇게 매실 작업을 끝내야
비로소 새해가 시작되는 기분인 것이다.

직접 해 먹는 음식을 즐기다 보니,
채소로 느끼는 계절의 변화가 아주 크고 즐겁다.

그 계절에만 나오는 채소들에 더욱 관심이 생긴 것이다. 그저 재미있고 예뻐서 좋아했던 영화에 나오던 그 재료가 '아, 봄에만 나오는 것이었구나. 아, 엄마가 겨울에 채소를 이렇게 보관해서 나에게 보내주신 이유가 있었구나' 하며 다시금 깨닫게 되었다. 봄의 머위꽃, 여름의 푸릇하고 여린 열무로 먹는 샐러드, 겨울의 땅속 뿌리채소들이 더욱 달아지는 것도 계절의 변화를 느낄 수 있는 새로운 즐거움이다.

계절의 재료, 특히 쌉싸름한 맛이 나는 재료들을 어릴 적부터 좋아했다. 입이 알싸해지고 때론 바르르 떨리게 쓴맛이 날 때도 있지만 입 안에 남는 그 향긋함이 좋았다. 내가 그런 맛을 좋아해서 챙겨주신 건지, 엄마가 자주 해주셔서 내가 좋아하게 된 건지 그 시작점은 모르겠지만 엄마는 땅의 기운이 솟고 계절을 머금은 재료들이 시장에 보이면 슴슴한 양념으로 자주 요리를 하셨다. 그중에서도 아린 맛으로는 둘째라면 서러운 머위잎과 머윗대를 봄마다 나물로 국으로 부지런히 만들어주시곤 했다. 지금도 다 큰 딸에게 머위쌈, 머윗대, 두릅 등을 계절마다 데쳐서 택배로 보내주실 정도니 아직 챙김을 받을 수 있음에 감사하고 그 재료가 주는 건강함에 다시 한번 감사하다.

어릴 때 가족과 두 시간 이상을 차로 이동할 때면,
뒷좌석에는 늘 커다란 라탄 바구니가 있었다.

소풍을 위한 예쁜 도시락이 아니라 장거리 이동을 위한 생활 도시락이었다. 엄마는 거기에 과일, 김밥, 떡, 음료 등을 차곡차곡 넣어 두셨다. 물에 적신 손수건까지 들어있어 투박하면서도 섬세함이 녹아 있는 도시락 바구니였다. 라탄 바구니를 뒤져 음식을 하나씩 꺼내 먹는 재미에 바구니 속은 늘 궁금하고 흥미로웠다.
그래서 나는 도시락이라는 단어를 떠올리면 엄마의 라탄 바구니가 가장 먼저 생각난다. 그런 기억 때문인지 지금도 장거리를 이동할 땐 주섬주섬 먹을 걸 챙기고 도시락을 만든다. 정성스레 챙긴 도시락을 사이에 두고 친구와 함께 먹을 생각에 행복해진다.

지속 가능한 채소 생활을 위해
오늘도 도시락을 챙깁니다.

자주 사용하는 재료와 양념

자주 손이 가는 재료가 있다. 그런 재료들이 모이고 손에 익은 재료 손질법과 선호하는 간이 정해지면 그 사람의 손맛이 되는 것 같다. 요리를 계속 하다 보면 유난히 훅 줄어드는 양념통이나 좀 더 신경 쓰고 관심을 기울여 모으는 재료들이 생겨난다. 그렇게 나의 입맛과 손맛을 찾아가는 것도 큰 재미이다.

① **엑스트라버진 올리브오일**

여러 채소와 과일을 잘게 채 썰어 버무리듯 만들어 먹는 샐러드를 즐기는데, 이때는 오일을 과감하게 사용하는 편이다. 그래서 샐러드용과 그 외 요리에 쓰는 올리브오일 두 제품을 항상 준비해둔다. 드레싱, 볶음 요리, 후무스를 만들 때는 데체코나 모니니의 제품을 사용하고 있다. 향도 무난하고 가격도 합리적이다. 차가운 수프의 마지막에 두르거나, 드레싱을 따로 사용하지 않고 과일이나 채소, 해산물 본연의 맛을 즐기는 샐러드를 먹을 때는 발데라마의 오칼 제품을 자주 사용하고 있다. 다른 제품과 비교해보면 부드럽고 신선한 풀향이 느껴지는 편이다.

② **매실청과 매실 절임**

매실청과 매실 절임을 만들어두면 일년 내내 든든하게 요리 여기저기에 활용할 수 있다. 도시락 반찬으로 매실 절임을 곁들여도 좋고 주먹밥으로 단단하게 뭉쳐서 즐겨도 좋다.

③ **통후추**

후추의 매콤함과 그 향을 매우 좋아한다. 나이가 들수록 음식에서 점점 간을 빼게 되는데, 그 모자란 빈틈을 후추가 어느 정도 채워주는 느낌이다. 뭐든 과하면 좋진 않겠지만 요리의 포인트로 잘 활용하면, 싱겁게 먹어도 허전함이 느껴지지 않는다. 통후추를 갈아 사용하면 입자 크기도 조절할 수 있고 향도 좋다.

④ **소금**

소금을 쓰는 건 늘 어렵고 조심스럽지만 꼭 필요할 때 적절한 양을 잘 사용하면 재료의 맛을 더없이 진하게 만들어주는 양념이다. 소금에는 암염, 굽거나 끓인 소금 등 여러 가지가 있는데, 꽃소금을 주로 이용한다.

⑤ **된장과 미소 된장**

된장은 엄마가 만든 집된장과 시판용 미소 된장을 사용한다. 미소 된장은 멸치, 게, 소고기 등의 육수 베이스가 첨가된 것보다는 콩, 소금, 쌀(누룩)만 들어간 것으로 사용해야 여러 요리에 두루 활용하여 재료의 맛을 살릴 수 있다. 보통 미소 된장은 쌀 누룩을 첨가하여 발효시키기 때문에 국산 된장에 비해 단맛이 느껴지고 좀 더 담백한 편이다. 그래서 수프나 소스에 된장을 활용하고 싶을 땐 미소 된장을 사용하고, 구수하고 깊은 국물 맛을 느끼고 싶을 땐 국산 된장을 사용하는 편이다.

⑥ 간장

조림이나 볶음 요리에는 가열하여도 맛의 변화가 적은 진간장을, 국을 끓이거나 나물을 무칠 때는 색이 연하고 짠맛이 강한 국간장을 사용한다. 그리고 회를 찍어 먹거나 열을 가하지 않는 무침 요리에는 단맛과 향이 좋은 양조간장을 사용한다.

⑦ 건고추

엄마가 말려주신 건고추를 자주 사용한다. 잘 말린 건고추는 깔끔하게 맵고, 씹어 먹으면 달큰함도 올라온다. 음식 만드는 일을 하면서도 여전히 엄마의 부지런함을 빌리고 있다.

⑧ 화이트와인식초와 화이트발사믹식초

와인식초와 발사믹식초는 차이가 있다. 발사믹은 좀 더 숙성시키거나 끓여 단맛이 올라오도록 만든 것이고, 와인식초는 단맛이 적고 산미가 강한 것이 특징이다. 화이트와인식초는 와인식초 함량이 99.96% 이상인 제품이 대부분이고, 화이트발사믹식초는 와인식초와 포도농축액이 혼합되어 있다. 포도농축액의 비율이 당도를 좌우하므로 성분표를 확인하고 비율을 따져 고르는 게 좋다. 나는 보통 마늘, 설탕 등의 다른 양념을 넣거나 산미를 높여야 하는 경우에는 화이트와인식초를 활용한다. 그리고 발사믹식초는 다른 양념 없이 생채소와 과일로만 샐러드를 만들어 먹을 때 올리브오일과 후추만 살짝 더해 활용한다.

⑨ 설탕

약간의 사용으로 감칠맛을 올려주고 밸런스를 잡아주는 양념이다. 건강을 위해 설탕을 줄여야 한다지만 직접 요리를 해 먹으면 내가 설탕을 얼마큼 섭취하는지 스스로 확인하고 조절할 수 있다.

⑩ 마늘

향을 잘 살려 요리에 활용하는 것이 중요한 재료이다. 무침이나 드레싱에서는 열을 가하지 않은 생마늘이 좋고, 볶음이나 국에서는 마늘을 넣어 익힌 것이 좋다. 시판용 다진 마늘보다는 직접 다져 사용하면 깔끔한 국물을 만들 수 있다.

⑪ 생강

고기나 생선의 비린 맛을 잡아주고 감칠맛을 더해주는 재료이다. 생강 껍질은 칼이나 필러보다는 스푼으로 긁어내면 쉽고 깔끔하게 제거할 수 있다. 껍질을 벗긴 후에는 색이 쉽게 변하니 먹을 만큼 조금씩 준비해 신선하게 사용하는 것이 좋다.

⑫ 양파

캐러멜라이징한 양파는 수프의 깊고 구수한 맛의 근간이 된다. 줄어든 양파의 부피만큼 맛이 응축된 것이라고 보면 되는데, 시간과 노력이 꽤 들어가지만 만들어두면 이만큼 든든한 아군이 없다. 그리고 아주 얇게 슬라이스한 생양파는 특유의 알싸함과 향으로 요리가 지루하지 않도록 자극을 더해준다.

⑬ 퀴노아

퀴노아는 단백질과 여러 영양소가 풍부한 곡물이다. 채소 위주의 요리에 단백질과 톡톡 씹히는 식감, 구수한 향을 더해준다. 쌀에 조금 섞어 밥을 지어도 좋다.

⑭ 보리와 찰보리

음식은 씹는 맛이라는 말도 있듯 요리에서 식감이 주는 만족감은 아주 크다. 보리나 찰보리를 삶아 샐러드에 활용하거나 보리밥을 해 먹으면 고소함과 씹는 재미에 음식 맛이 배가되는 기분이 든다. 소금을 살짝 더해 탱글탱글하게 삶아낸 보리에 올리브오일을 조금 섞어 냉장실에 넣어두면 이틀 정도 보관이 가능하다.

⑮ 허브와 식용 꽃

소담한 음식에 허브나 식용 꽃을 곁들이면 마치 액세서리를 착용하는 것처럼 분위기가 확 달라지곤 한다. 허브는 무난하고 익숙한 것들부터 하나씩 시도해보면 좋다. 고기류를 재울 때는 로즈메리나 타임, 샐러드나 생선류에는 딜이 두루 활용하기 좋다. 주로 '잇츠허브'라는 곳에서 구매하고 있다.

미리 준비해두면 좋은 밑작업

멸치육수

재료

디포리 25g
대멸치 10g
멸치 10g
다시마 20g
건표고버섯 20g
건고추 20g
건파뿌리 10g
고추씨 1T
통후추 1T
물 6ℓ

- 국이나 조림을 만들 때 베이스가 되는 육수이다. 삼베나 부직포로 된 티백 봉투에 마른 재료들을 소분해 넣어 육수 티백을 만들어두고 사용해도 편리하다.
- 5일 안에 사용할 분량은 냉장 보관하고, 더 오래 사용하고 싶다면 소분하여 냉동 보관한다. 이때 100㎖, 200㎖ 등의 단위로 소분하여 냉동하면 다시 사용할 때 편리하다.
- 여기에서는 대멸치를 사용했지만 디포리나 멸치만 써도 충분하다. 고추씨가 없다면 건고추 양을 조금 늘린다. 멸치, 다시마, 건표고버섯, 통후추, 건고추만 있어도 훌륭한 멸치육수를 만들 수 있다.

1. 모든 재료를 냄비에 넣고 중불에서 15분 끓인다.
2. 끓어오르면 약불로 줄이고 20분 끓인다.
3. 다시마를 건져낸 후 30분 더 끓인다.
   TIP | 건져낸 다시마는 잘게 채 썰어 간단한 반찬으로 만들어 활용하여도 좋다.
4. 고운체에 육수를 걸러 맑은 국물만 남긴다.
   TIP | 면보나 커피 드립 필터를 사용해도 좋다.

● 미리 만들어 보관하면 더욱 편리하게 요리할 수 있는 육수, 기본 재료를 소개한다. 귀찮게 느껴지더라도 모든 음식의 기본이 되며 전체적인 맛에 차이가 생기니 꼭 준비해두길 추천한다.

닭육수

재료

닭 1마리 통후추 1T
양파(껍질째) 1개 건고추 5개
대파(뿌리째) 1대 월계수잎 3장
샐러리 1대 물 4ℓ

- 채소만 가득한 맑은 수프나, 솥밥의 감칠맛을 더해주는 육수이다. 완벽한 채식을 원한다면 생략해도 좋다. 닭은 백숙용 생닭이나 절단육을 사용한다.
- 100~200㎖ 단위로 나누어 냉동하면 편하다. 기호에 따라 닭육수 대신 채수를 사용해도 좋다. 양파, 당근, 샐러리 같은 향신채를 깍둑썰고 오일에 살짝 볶아 향을 낸 다음 물을 부어 끓이면 된다.

1. 닭은 불순물과 피, 지방을 잘라내고 흐르는 물에 깨끗하게 씻는다.
   TIP | 백숙용 생닭을 사용하는 경우, 꼬리 부분과 그 안쪽의 지방을 잘라낸다. 목의 지방도 껍질과 함께 제거하면 국물이 좀 더 깨끗하게 우러난다.

2. 가슴, 다리, 날개 부위를 자르고 내장 찌꺼기, 불순물을 깨끗하게 씻는다.
   TIP | 백숙용 생닭을 사용하는 경우는 자르는 과정을 생략한다.

3. 냄비에 모든 재료를 넣고 중불에서 1시간 가량 끓인다.

4. 고운체에 육수를 걸러 맑은 국물만 남긴다.
   TIP | 면보나 커피 드립 필터를 사용해도 좋다.

5. 용기에 옮겨 한 김 식힌 후, 육수 표면에 종이호일이나 랩을 덮어 냉장실에서 하루 식힌다.

6. 하루 지난 후 표면에 덮어둔 랩과 랩에 붙은 지방을 제거하여 맑은 육수만 다시 소분 보관한다.
   TIP | 고체화된 기름을 제거하면 더욱 담백한 육수를 즐길 수 있다.

양파 캐러멜라이징

재료

양파 500g
버터 15g
올리브오일 2T

- 수프나 커리를 끓일 때 자주 사용된다. 냉장 보관으로 5일, 냉동 보관으로 한 달가량 보관이 가능하기 때문에 미리 작업해 보관해두면 든든한 보물이 된다. 간단한 수프나 커리에도 볶은 양파가 들어가면 대체할 수 없는 풍성한 맛을 더할 수 있다.
- 약 3T의 양파 캐러멜라이징이 나오는 양이다.
- 1T 기준으로 냉동 보관하면 조리 시 간편하다.

1. 양파는 2~3mm 두께로 채 썬다.
2. 팬에 버터와 올리브오일을 넣고 중불에서 녹인 다음 양파를 넣고 계속 저어가며 볶는다.
   TIP | 볶는 중간중간 기름이 부족하면 올리브오일을 조금씩 첨가해준다.
3. 전체적으로 양파의 숨이 죽고, 노랗게 변하기 시작하면 중약불로 불을 줄여 갈색빛이 돌 때까지 계속 볶아 완성한다.
   TIP | 완성된 양파는 갈색빛이 돌고, 용기에 담아 식히고 나면 사진처럼 페이스트 형태가 되어 있다.

매실절임

재료

쪼갠 청매실(씨 제외) 1kg
황설탕 1.2kg

- 보통 6월 초가 되면 절임용 청매실이 나오기 시작한다. 겉이 단단하고, 칼집을 넣어 힘을 주었을 때 '쩍' 하는 소리와 함께 잘 쪼개어지는 매실이 좋다. 매실 속이 노랗게 변하기 시작하면 절임이 완성되었을 때 씨와 가까운 부분이 흐물흐물해져 보관기간이 짧아지고 매실액이 탁해지므로 매실 수확기 초반에 매실을 구입해 만드는 것이 좋다.
- 매실과 황설탕의 기본 비율은 1:1.2이다. 매실에 수분이 많다면 1.5까지 늘리고 숙성 중간에 상태를 확인해보고 설탕을 2~3번 추가하면 좋다. 매실액 농도가 너무 묽지 않고, 시럽처럼 끈적해야 오래 보관해도 변질이 거의 없다.
- 설탕 비율을 낮추면 숙성 과정에서 곰팡이가 필 위험이 높다. 3~4일마다 섞어주고 표면을 덮은 비닐이나 종이 호일을 자주 교체한다.
- 매실절임을 만들며 나온 매실액은 오래된 매실청 특유의 숙성향이 적어 요리에 사용하면 끝맛이 깔끔하고 새콤하다. 특히 밥에 간을 하는 메뉴에 식초 대신 사용해도 좋다.
- 매실절임은 완성 후 최소 4개월 이상 숙성한 다음 먹는 것이 좋고, 냉장고에서 2~3년 보관 가능하다.

1. 청매실을 여러 번 세척한 후 물기를 완전히 말린다.
2. 완전히 말린 매실의 꼭지를 제거하고 5~6쪽으로 쪼갠다.
   TIP │ 꼭지는 이쑤시개로 제거하면 쉽다. 꼭지에 끼어있는 먼지나 이물질은 소주를 묻힌 면봉으로 닦아도 좋다.
3. 밀폐용기에 쪼갠 매실과 황설탕 1kg을 번갈아 담고 맨 위는 설탕으로 덮는다.
4. 표면에 비닐을 덮어 일주일 동안 서늘하고 어두운 곳에서 실온 보관한다.
5. 일주일 뒤 매실을 전체적으로 섞어준 다음, 설탕 200g을 맨 위에 뿌린다.
6. 다시 일주일동안 실온 보관한 뒤, 설탕이 모두 녹으면 표면에 비닐이나 종이 호일을 덮어 공기와의 접촉을 막고 냉장실 깊숙히 보관한다.

솥밥 만들기

● 솥밥만 해 먹은 지도 1년이 넘어간다. 일상에서 전기밥솥을 완전히 처분하는 결정은 쉽지 않았다. 그 편리함을 충분히 알기 때문이다. 하지만 손에 익으니 오히려 간편하고 정량만 만들어 음식물 쓰레기 양도 줄어들기 때문에 아주 만족하는 중이다. 친구들이 놀러 오면 작은 솥에 제철 재료나 친구가 좋아하는 재료를 넣어 밥을 짓고, 식탁 가운데에서 뚜껑을 짠 하고 연다. 모두 기대 가득한 눈으로 그 순간을 반겨주는데, 요리를 하고 나누어 먹는 것을 즐기는 나에게는 아주 즐거운 순간이다.

---

① 솥 종류

스타우브의 16cm, 23cm 무쇠 솥, 작은 도자기 솥 그리고 스테인리스 냄비 세 가지로 솥밥을 해 먹고 있다. 종류와 재질이 다른 만큼 밥 짓는 시간에는 미세하게 차이가 생기는데, 이 미세한 부분은 직접 여러 번 밥을 지어보면 경험에 따라 익히게 된다. 사용하는 냄비와 가스레인지 화력에 딱 맞는 시간 조절 방법을 찾아보자.

② 쌀 불리기

현미나 율무, 콩, 찹쌀 등 불리지 않으면 잘 익지 않는 종류가 아니라면 백미나 보리를 넣은 간단한 밥을 할 때는 쌀을 따로 불리지 않아도 괜찮다. 쌀을 여러 번 세척한 후 바로 밥을 짓거나, 다른 재료를 손질하는 시간 동안 잠시 불리는 것으로도 충분하다. 너무 어렵고 복잡하게 생각하지 않아도 된다.

③ 물 분량 잡기

집밥을 자주 해본 사람들은 눈대중으로도 물을 맞추지만, 갑자기 만드는 양이 변하거나 요리가 아직 익숙하지 않은 사람들에게는 가장 고민되는 부분이다. 가장 기본은 물 1 : 쌀 1 의 비율이다. 물을 많이 흡수하는 감자, 고구마 등이나 콩나물, 버섯처럼 수분이 많이 나오는 재료를 사용한다면 그에 따라 기본 비율에서 조금씩 가감한다. 여러 번 만들다 보면 자신만의 기준점이 생긴다.

④ 불 조절과 시간

솥밥이 두려운 가장 큰 이유는 불 조절이다. 혹시 타거나 설익거나 밥물이 넘쳐흐를까 걱정이 되기 때문인데 사용하는 솥과 화력 상태에 맞는 방법을 찾는 것이 중요하다.

HOW TO

1. 쌀은 여러번 씻고 체에 밭쳐 20분간 물기를 뺀다.

2. 솥에 쌀과 물을 1:1로 넣고 센 불에서 8분가량 뚜껑을 연 채로 끓인다.
   TIP | 끓는 중간에 밥물이 넘치려 한다면 쌀을 뒤섞어주거나 불을 조금만 줄인다.

3. 보글보글 끓던 물이 거의 줄어들어 쌀 표면이 촉촉히 드러나기 시작하면 가장 약한 불로 줄이고 뚜껑을 닫아 13분간 익힌다.
   TIP | 추가하고 싶은 재료가 있다면 이때 넣어주어도 좋다. 감자나 고구마, 밤 등 익는 시간이 오래 걸리는 재료는 처음부터 넣고, 볶은 재료나 식감이나 향을 살리고 싶은 재료는 이때 넣는 것이 좋다.

4. 불을 끄고 밥을 전체적으로 한 번 뒤섞은 다음 15분 이상 뜸을 들인다.
   TIP | 밥을 조금 남기고 퍼낸 다음 약불에 15분 이상 두면 노릇노릇한 누룽지가 생긴다. 뜨거운 물을 부어 숭늉으로 즐겨도 좋다.

- 솥밥의 용량은 200~250㎖ 내외로 2~3인분을 기준으로 만들었다. 혹시 쌀의 양이 줄거나 늘어나면 시간도 조금씩 늘려야 한다.

맛있는 채소 도시락 만드는 팁

● 지속 가능한 채소 생활을 위해 채소 도시락을 쉽고 재미있게 만들 수 있는 팁을 정리했다. 근사하지 않아도 나를 위해 마음을 들여 만들면 그것만으로도 충분하다.

TIP 1 채소 손질하여 저장하기

도시락 준비에 많은 시간을 쏟지 않아야 오래 지속할 수 있다. 피곤한 날은 채소를 씻고 물기를 빼는 것마저 너무 귀찮은 일이기 때문이다. 그래서 자주 사용하는 채소는 주말 반나절을 활용해 미리 다듬어두면 아주 편리하다. 조금만 신경을 쓰면 무르지 않은 상태로 최대한 오래 보관할 수 있다. 채소를 미리 다듬어 보관할 때 가장 중요한 점은 물기를 잘 제거하고 공기에 닿지 않게 최대한 밀폐하는 것이다.

① 양파
겉껍질을 벗겨 하나씩 공기가 들어가지 않게 랩으로 잘 싸면 10일은 거뜬히 냉장 보관 가능하다.

② 마늘
알이 크고 싱싱한 것 위주로 랩이나 종이호일로 잘 감싼다. 상태가 그다지 좋지 않은 것들은 다져서 밀폐용기에 꾹꾹 눌러 담아 보관하면 편리하다. 마늘을 갈기 전에는 물기를 완전히 제거하고, 너무 오래 갈지 않는다. 직접 갈아서 보관하면 질척한 물기가 없고 시판용보다 마늘 향도 살아 있어 더욱 신선한 상태로 사용할 수 있다.

③ 우엉, 연근
깨끗한 것은 솔을 활용해 겉껍질 부분을 씻어내고, 고르지 않은 경우는 껍질을 얇게 벗겨 끓는 물에 소금 1t를 넣어 2~3분간 데쳐낸 다음 식히고 물기를 제거한다. 이틀 안에 먹는 경우는 냉장하고, 좀 더 오래 두는 경우는 소분하여 냉동한다. 손질 전 상태의 연근은 흙이 묻은 채로 종이나 신문지로 감싼 뒤 밀폐용기에 담아 냉장 보관하면 10일 정도 보관이 가능하다.

④ 잎채소
아주 차가운 물에 10분 정도 담가둔다.(단, 얼음물은 잎이 얼어버릴 수 있다.) 차가운 물에 담가두면 시들하던 잎에 힘이 생기고, 보이지 않게 붙어 있던 흙 등의 이물질이 불어나서 세척하기 쉬워진다. 흐르는 물에 여러 번 잘 씻고 채반에 건져 물기를 뺀 뒤 키친타월이나 거즈로 잘 감싸 밀폐용기에 보관한다. 잎의 두께와 채소 종류에 따라 다르지만 짧게는 2일, 길게는 7일도 거뜬하다.

⑤ 양배추와 라디치오
한 장 한 장 씻기 힘든 채소 중 하나이다. 절반 혹은 1/4 크기로 잘라 차가운 물에 식초나 베이킹소다를 넣고 20분가량 담가둔다. 잘린 단면이 아래를 향해 잠기도록 넣어두면 잎과 잎 사이가 벌어진다. 잎 사이가 제법 벌어졌다면 깨끗한 물에 여러 번 흔들어 헹군 다음 마지막으로 흐르는 물에 다시 한 번 깨끗하게 씻어준다. 벌어진 단면이 아래를 향하도록 체에 받쳐 물기를 충분히 빼고, 키친타월에 감싸 밀폐용기나 위생백에 넣어두면 대략 4~5일은 보관 가능하다.

⑥ 브로콜리와 콜리플라워
사이사이에 낀 이물질을 잘 제거해주어야 하는 채소이다. 베이킹소다 혹은 식초를 넣은 물에 거꾸로 넣어 둥근 부분이 잘 잠기게

한다.(무거운 것으로 떠오르지 않게 눌러준다.) 10분가량 지난 후, 흐르는 물에 다시 깨끗하게 씻어준다. 먹기 좋은 크기로 자르고, 끓는 물에 소금을 넣어 브로콜리는 1분, 콜리플라워는 2~3분 데친다. 건져내어 식히고 물기를 제거한 뒤 키친타월을 깐 밀폐용기에 담아 냉장 보관하면 2~3일 정도는 보관 가능하다. 먹기 직전에 다시 한번 살짝 데치거나 고온에서 빠르게 구워낸다. 냉동 보관도 가능한데 해동 후 재조리 시 아삭한 식감은 떨어질 수 있다. 잘게 썰어 볶음밥 등에 활용해도 좋다.

⑦ 대파

조미료처럼 자주 사용하는 재료이다. 무르는 속도가 다른 흰 부분과 초록 부분을 구분하여 키친타월을 깐 밀폐용기에 보관하는 것이 좋다. 초록 부분은 쉽게 무르고 진액이 나오기 쉬우므로 키친타월을 더 넉넉히 사용한다.

⑧ 콩

강낭콩, 병아리콩, 렌틸콩 등은 불리고 삶고 식혀야 하기 때문에 당일에 준비하기 번거로운 재료 중 하나다. 이런 콩류는 미리 냉동해두었다 사용하면 아주 편리하다. 냉장은 2일, 냉동은 한 달 이상 보관 가능하다.

TIP 2 보완적인 메뉴 구성하기

도시락은 한 그릇에 담기기 때문에 메뉴가 한눈에 확연히 드러난다. 한 끼의 영양과 양을 맞추려면 재료나 맛의 조합이 중요하다. 어렵고 거창할 필요는 없고, 가장 좋은 조합은 '보완'이다.

① 맛과 식감을 보완하기

주재료나 주메뉴를 기준으로 맛이나 식감에서 부족한 부분을 찾으면 도시락 구성이 한결 쉽고 재미있어진다. 예를 들어 새콤한 드레싱과 채소만으로 간단한 샐러드를 만들었다고 가정해보자. 입 안에 남은 새콤함은 자연스럽게 묵직하고 고소한 맛을 찾게 된다. 이럴 때에는 바삭하면서도 고소한 크로켓이나, 찰지고 고소한 주먹밥으로 맛과 식감을 보완하면 된다. 견과류나 빵을 더해도 좋다.

② 영양을 보완하기

탄수화물, 단백질, 지방의 영양 구성을 떠올려보며 부족한 부분을 채워 도시락을 완성한다. 예를 들어 새콤달콤하고 아삭한 당근 초절임을 만들었다고 가정해보자. 그 자체로는 맛있는 샐러드가 될 수도 있지만 영양소를 생각해보면 단백질이 부족하고 금방 배가 고파질 것이다. 이를 보완하기 위해 달걀이나 두부로 만든 메뉴를 추가하면 영양적으로도 조화로운 한 끼가 되는 것이다.

TIP 3 채소의 수분에 따라 조리하기

도시락은 시간이 지난 후 먹어야 하기 때문에 채소에서 나오는 수분을 잡는 것이 중요하다. 이때 채소 별 특징을 알아두면 효과적이다.

① 수분을 흡수하는 채소 : 고구마, 감자, 단호박, 마, 연근 등

찜기로 찌는 것이 가장 촉촉하고 오래 유지된다. 만약 기름에 구운 맛을 즐기고 싶다면 형태가 흐물흐물해지지 않을 정도로 살짝 찌거나 데친 다음 고온에서 기름을 더해 빠르게 볶거나, 팬에 오일과 물을 함께 넣고 굽는다. 이런 채소들은 기름에만 구우면 시간이 지나 뻣뻣하고 푸석해지는데, 위의 방법을 활용하면 어느 정도 보완이 가능하다.

② 수분을 배출하는 채소 : 양파, 가지, 버섯, 호박 등

수분이 많은 채소는 금방 무르거나 수분이 흘러나와 다른 메뉴와 섞이지 않도록 주의한다. 자주 뒤집지 않고 노릇하게 굽거나, 전분 혹은 밀가루를 입히고 충분한 기름을 둘러 굽는다.

TIP 4 도시락 용기 준비하기

화려한 메뉴가 아니어도 괜찮다. 내 마음에 드는 도시락 용기를 준비하는 것만으로도 충분히 예쁜 도시락을 쌀 수 있다. 취향과 용도, 상황에 맞는 도시락을 골라보자.

① 보온 용기

겨울철 가장 기본적인 도시락 용기이다. 보온 죽통으로 검색하면 다양한 제품을 찾을 수 있다. 입구가 넓은 것을 사용하면 담기도 편리하고, 세척하기에도 좋다.

② 나무 도시락

나무 도시락은 밀폐력은 거의 없어 수분이 흐르는 메뉴에는 적합하지 않다. 그러나 가볍고 예쁘므로 물이 생기지 않는 김밥이나 주먹밥, 샌드위치를 담기 좋다.

③ 법랑 밀폐용기

법랑은 색이나 냄새가 배지 않아 좋고 가볍다. 단, 유리질을 코팅한 것이라 부분적으로 깨지거나 법랑이 벗겨질 수 있으니 유의한다.

④ 스테인리스 도시락

스테인리스는 냄새가 배거나 색이 스미는 일이 적고 가벼워 도시락 용기로 아주 좋다.

⑤ 유리 용기

무게는 있지만 냄새와 색이 스미는 일이 거의 없다. 단, 유리 재질이 아닌 뚜껑과 밀폐력을 위한 고무 패킹에 냄새가 배는 경우가 많으니 유의한다. 오븐에서도 사용 가능한 내열유리 제품을 사용하면 수프나 국, 그라탱을 담아 전자레인지로 데워 먹기에 좋다.

⑥ 플라스틱 밀폐용기

가볍지만 냄새가 잘 밸 수 있다. 김치나 절임, 밥 등의 용도별로 구분해두고 사용하는 것이 좋다.

TIP 5 도시락 차곡차곡 담기

메인이 되거나 부피가 큰 메뉴를 먼저 배치하고 틈 사이를 채운다는 생각으로 도시락을 차곡차곡 담아보자.
수분이 흐를 수 있는 메뉴는 사이에 잎채소를 끼워 벽을 만들어도 좋다.

밥과 잘 어울리는 채소 반찬으로 구성한 도시락을 소개한다. 꼭 이렇게 먹어야 하는 것이 아니라 맛과 식감, 영양까지 고려한 조합을 소개하는 것이니 마음에 드는 반찬 한두 가지씩 골라 나만의 조합으로 만들어 먹어도 좋다. 이 책에 등장하는 밥은 모두 솥밥으로 만들고 있다. 처음에는 번거롭게 느껴져도 몇 번 해보고 손에 익으면 밥맛도 좋고, 생각보다 시간도 오래 걸리지 않고 쉽다. 내가 가진 솥이나 냄비에 딱 맞는 타이밍을 찾아 감을 익히고 나면 여러 재료로 솥밥을 만들어보는 재미가 생길 것이다. 바닥에 조금씩 남아 있는 누룽지를 먹는 맛도 있으니 꼭 시도해보길 추천한다.

밥과 함께 든든하게 즐기는 채소 도시락

LUNCH BOX

1. 채소 나물튀김
   채소 간장절임 | 머위꽃 된장

2. 고추냉이 오이김밥
   땅콩소스로 버무린 브로콜리와 아스파라거스

3. 곤드레감자솥밥
   깨로 버무린 우엉조림 | 버섯 피클

4. 유부달걀말이
   단호박 풋마늘 간장볶음 | 오이 간장 초절임

5. 캐슈너트와 우엉을 곁들인 두부볶음
   비트 양파 초절임

6. 볶은 아스파라거스를 넣은 달걀말이김밥
   양배추 초절임 | 구운 채소

7. 뿌리채소 영양솥밥
   렌틸콩볶음 | 오이 초무침

8. 볶은 궁채나물을 올린 버섯솥밥
   세발나물 옥수수전 | 채소 피클

9. 볶은 멸치를 올린 피스타치오솥밥
   당근 겨자 절임 | 버섯조림

10. 매실 절임 주먹밥
    구운 두부와 채소 샐러드

11. 버섯 취나물 주먹밥
    항정살 완두콩볶음 | 채소 겨자절임

12. 찰흑미 병아리콩밥
    건표고버섯 무말랭이볶음 | 오이 배추 절임

13. 엄나무 순 주먹밥
    가지 무 강정

14. 미나리 소보로 주먹밥
    브로콜리 초무침 | 연근 구이

A VEGETABLE
LUNCH BOX

채소 나물튀김
채소 간장절임
머위꽃 된장

① 사실 머위꽃을 접한 건 몇 해 전 영화를 통해서였다. 주인공들이 겨울이 끝나가는 건조한 땅에서 올라온 머위꽃을 따 볶음 된장을 만드는데 그 맛이 몹시 궁금해졌다. 그 다음 날 당장 머위꽃을 판매하는 분을 찾아 연락을 드리고 봄이 오길 손꼽아 기다렸다. 그리고 돌아온 봄, 처음으로 머위꽃을 만났다. 책과 자료들을 찾아보고 여러 방법으로 머위꽃 된장을 만들어보았고, 입에 맞는 비율을 찾았다. 그리고 친한 친구와 단골손님 몇 분, 엄마에게 시식용으로 전했다. 엄마는 머위꽃을 알고는 있지만 이걸로 요리를 한 적은 없었다며 좋아하셨다. 비록 이 도시락 메뉴에서는 아주 작은 틈에 조금 들어간 반찬이지만, 진한 이야기를 품고 있는 메뉴가 아닐까 싶다.

채소 나물튀김

재료(2인분)

엄나무 순 60g
아스파라거스 40g
브로콜리니 40g
달래 20g
식용유 적당량

튀김 반죽

물 200㎖
튀김가루 50g
메밀가루 30g
전분 10g
소금 1/2t

TIP

- 튀김은 좋아하는 어떤 채소를 사용해도 된다. 브로콜리니나 엄나무 순이 없다면 평소 흔히 접하는 가지, 양파, 브로콜리, 감자 등의 채소를 활용해도 좋다. 식초물을 부어 만든 채소 간장절임을 곁들이면 튀김 간장이나 소스를 따로 챙길 필요가 없다.
- 튀김 기름의 온도를 체크할 때는 먼저 작은 반죽을 넣어본다. 수분을 내뿜는 거품이 보글보글 올라오면서 연한 황토색으로 색이 입혀지면 튀기기 좋은 상태이다. 이 상태가 되면 약불로 하여 가급적 같은 온도를 유지한다. 색이 바로 갈색이 되어 떠오르면 온도가 너무 높은 상태이고, 보글보글 거품이 바로 나지 않는다면 온도가 너무 낮은 상태이니, 꼭 적정 온도를 확인하고 튀긴다.

1. 달래는 뿌리 부분을 깨끗이 손질한 뒤, 돌돌 말아 매듭 모양으로 만든다.

2. 아스파라거스는 반으로 어슷하게 자른다.

3. 엄나무 순과 브로콜리니는 뿌리를 깨끗이 자른다.

4. 볼에 분량의 튀김 반죽 재료를 모두 섞은 다음 손질한 채소에 튀김옷을 입힌다.

5. 160℃의 식용유에 두 번 튀겨내고 채에 펼쳐 식힌다.

채소 간장절임

재료

콜라비 400g
오이 400g
양파 300g
샐러리 150g

식초물

물 1ℓ
간장 150㎖
식초 150㎖
설탕 110g

TIP

- 한 번에 넉넉히 만들어두면 여러 도시락에 밑반찬으로 활용하기 좋다.
- 여러 채소를 섞어 만들었다면 2~5일 내로 먹는 게 좋다. 채소마다 익거나 물러지는 속도가 다르기 때문에 좀 더 오래 두고 먹고 싶다면 단일 채소로, 간장 1~2T를 추가하여 염도를 높여주면 좀 더 안전하게 보관할 수 있다.
- 여러 종류의 채소를 섞어 절임이나 피클을 하는 경우 식초물에 채소들 고유의 향과 맛이 스며든다. 따라서 시간이 오래 지나면 맛이 혼합되어 손이 잘 가지 않게 된다. 좀 더 오래 보관하면서도 채소의 맛을 유지하고 싶다면 단일 채소로 만드는 것을 추천한다.

1. 오이, 양파, 샐러리는 먹기 좋은 크기로 썬다.

2. 콜라비는 껍질을 벗긴 뒤, 먹기 좋은 크기로 썬다.

3. 냄비에 식초물 재료를 모두 넣고 끓였다가 한 김 식힌다.

4. 손질한 채소를 밀폐용기에 담은 후 식초물을 붓고 2~3시간 숙성 후 냉장 보관한다.
   TIP | 전날 만들어두는 게 좋다.

머위꽃 된장

재료

머위꽃 150g
참기름 1, 1/2T
소금 1/2T
식초(세척용) 조금

양념

미소 된장 140g
된장 60g
청주 60㎖
설탕 2T

TIP

- 머위꽃은 4월 즈음 잠깐 나와서 구하기 힘들 수 있다. 조금 더 늦은 봄부터 초여름까지는 머위꽃 대신 굵은 머윗대로 만들어도 맛이 좋다. 보통 이런 볶음 된장을 만들 때는 쌉싸름한 맛을 지니거나 향이 강한 채소를 사용하면 더욱 매력적이다.
- 머위꽃 된장 약 300㎖가 나오는 양이다. 머위꽃 된장은 한 번 만들어두면 1~2개월 정도는 냉장 보관할 수 있다. 너무 적은 양을 만들면 본연의 맛이 우러나지 않으니 넉넉한 분량으로 만들어두었다가 때때로 꺼내 먹는 것이 좋다. 쌉쌀하고 향긋한 된장을 밥에 올려 먹거나, 회나 고기에 곁들여도 잘 어울린다. 머위꽃 된장 한 숟갈에 뜨거운 물만 부으면 머위 된장국이 된다. 국으로만 즐기려면 설탕을 반으로 줄여 머위꽃 된장을 만든다.
- 소독한 유리병에 뜨거운 내용물을 담고 뚜껑을 닫은 뒤 뒤집어서 식히면 진공 상태에 가깝게 압축되어 밀폐력이 올라가 자연스레 보존 기간도 늘어난다.

1. 머위꽃은 식초를 연하게 탄 물에 10분 정도 담갔다가 흐르는 물에 깨끗하게 세척한다.

2. 세척한 머위꽃을 끓는 물에 소금 1/2T를 넣고 30초~1분 사이로 빠르게 데쳐 차가운 물에 담가 식힌다.

3. 데친 머위꽃의 물기를 꼭 짜내고 잘게 다진다.

4. 팬에 참기름 1T와 손질한 머위꽃을 넣고 약불에서 볶는다.

5. 분량의 양념을 넣고 중약불에서 계속 저으며 끓인다.

6. 10~15분 정도 볶다가 수분이 거의 날아가 되직한 상태가 되면 불을 끈 다음 참기름 1/2T를 넣고 잘 저어 섞는다.

7. 소독한 병에 담아 밀봉하고 병을 뒤집어 하루 동안 실온에 두어 숙성시켰다가 냉장 보관한다.

TIP | 도시락에 밥을 담은 뒤, 머위꽃 된장을 한 컨에 올려 준비한다.

A VEGETABLE
LUNCH BOX

고추냉이 오이김밥
땅콩소스로 버무린 브로콜리와 아스파라거스

(2)

나는 꽤 여러 가지 식재료에 알레르기가 있는 편이다. 채소 중에도 먹으면 알레르기 반응이 오는 것이 있는데 언제 어떻게 먹어도 내 몸에서 편안하게 받아들이는 재료가 바로 오이이다.

대학교를 갓 들어간 무렵, 학교 매점에서 고추냉이 김밥을 팔았다. 식초물로 간을 한 밥에 오이, 단무지, 햄과 고추냉이가 들어간 김밥이었다. 떡처럼 뭉쳐진 밥이 늘 아쉽긴 했지만 심플한 재료 덕에 오이 맛이 잘 느껴져 자주 사 먹곤 했었다. 인기가 없었는지 매점에서 곧 사라져버렸지만 항상 그 맛이 생각났다. 시간이 꽤 흐른 후에 오이를 가득 넣은 고추냉이 김밥을 만들어 먹었는데, 역시나 내 입맛엔 너무 맛있었다. 그래서 책을 준비하며 간단하지만 정말 맛있는 이 오이김밥을 꼭 넣고 싶었다.

새콤한 오이김밥과 고소한 땅콩소스에 버무린 채소는 서로 보완되는 맛으로 구성된 메뉴이다. 단백질이 부족하다 싶은 경우에는 구운 두부를 첨가해 땅콩소스와 버무려도 맛있게 어울린다.

고추냉이 오이김밥

재료 (모미김밥 10줄)

오이 500g
양파 40g
청양고추 1개
백미밥 350g

김밥 김 5장
소금 1, 1/2t
참기름 1t
고추냉이 조금
참깨 1/2t

밥 밑간

매실청 2, 1/2T
참기름 1T
소금 1/2t

TIP

- 오이는 전날 밤 절여 수분을 빼두면 편리하다.
- 오이 외에도 아삭하게 씹히는 채소를 더해도 좋다. 향을 싫어하지 않는다면 미나리, 참나물 같은 채소와도 잘 어울린다. 줄기 부분의 씹는 재미도 좋아 추천한다.
- 속재료가 간결한 김밥이라 꼬마김밥으로 만들었지만 일반 김밥 크기로 만들어도 좋다.

1. 오이는 얇게 슬라이스해 소금 1, 1/2t를 뿌리고 골고루 간이 배도록 중간중간 뒤섞으며 1시간가량 절인다.

2. 오이가 투명해지면 물기를 꽉 짠다.

    TIP | 오이를 접었을 때, 부서지지 않고 살짝 휘는 정도면 적당하다.

4. 볼에 절인 오이, 청양고추, 양파를 담고 참기름 1t와 참깨 1/2t를 뿌린 뒤 버무린다.

3. 청양고추는 씨를 제거해 잘게 썰고, 양파는 얇게 채 썬다.

5. 밥에 분량의 밑간을 하고 골고루 섞는다.
   TIP | 밥이 뜨거울 때 밑간 양념을 고르게 뿌려 섞는 것이 좋다. 주걱을 세워서 밥을 가르고, 털어내듯 조심스럽게 섞어야 밥알이 뭉개지지 않고 잘 섞인다.

6. 김을 반으로 길게 자른 뒤, 밥을 얇게 펼치고 고추냉이를 조금 바른다.

   TIP | 고추냉이 양은 취향에 맞게 조절한다.

7. 절인 오이를 가득 올려 김밥을 말고 반으로 자른다.

땅콩소스로 버무린 브로콜리와 아스파라거스

재료(2인분)

브로콜리 250g
아스파라거스 70g
소금 1t

땅콩소스

두유 40g
피넛버터 20g
간장 1, 1/2t
식초 1t
참깨(간 것) 1t
후추 조금

TIP

- 두유가 들어가는 땅콩소스는 더운 여름에 쉽게 상할 수 있으니 보냉이 가능한 용기에 담거나 되도록 냉장 보관하자. 소스만 따로 담아 먹기 직전에 뿌려 먹어도 좋다.
- 채소를 데친 뒤 식히는 방법에는 펼쳐서 식히기와 차가운 물에 담가 식히기, 두 가지가 있다. 펼쳐서 식히면 채소가 머금은 소금간이 살아 있고, 차가운 물에 담그면 식감이 아삭해지면서 소금간이 조금 빠진다. 식힌 후 양념을 새로 더하는 경우는 차가운 물에 담가 식혀도 좋지만, 데친 후 따로 간을 하지 않는 경우에는 펼쳐서 식히는 편이 더 좋다.

1. 아래의 질긴 껍질을 벗긴 아스파라거스와 브로콜리는 먹기 좋은 크기로 썬다.

2. 끓는 물에 소금 1t를 넣고 30초~1분 동안 데쳤다 빠르게 건진다.

   TIP | 새끼손가락보다 가는 미니 아스파라거스는 10초 내외로 데친다. 이렇게 소스에 버무리는 경우에는 조금 두꺼운 편이 더 좋다.

3. 데친 아스파라거스와 브로콜리를 체에 펼쳐서 식힌다.

4. 분량의 땅콩소스 재료를 모두 섞어 소스를 만든다.

5. 볼에 브로콜리와 아스파라거스, 땅콩소스를 넣고 버무려 마무리한다.

A VEGETABLE
LUNCH BOX

곤드레감자솥밥
깨로 버무린 우엉조림
버섯 피클

(3) 감자밥은 솥뚜껑을 처음 여는 그 순간이 절정이다. 포슬포슬하게 익은 감자와 윤기 나는 쌀 위로 모락모락 김이 피어오르는 장면은 보기만 해도 저절로 숟가락을 들게 만든다. 곤드레나물에는 간이 되어 있기 때문에 양념 없이 바로 먹어도 기가 막히다. 뜨거운 김과 함께 시작하는 첫 입 자체로 완성이라 할 수 있다. 도시락 메뉴라 밑반찬과 함께 구성했지만, 집에서 먹는다면 시래기를 넣고 자작하게 끓인 된장찌개 하나만 더해도 훌륭한 상차림이 완성된다.

곤드레감자솥밥

재료(3인분)

건곤드레 25g
감자 200g
백미 200㎖
물 200㎖

양념

다진 마늘 1T
참기름 2t
간장 1t
소금 1t

TIP

- 양념을 더해 간이 충분한 완성형 곤드레나물 무침으로 밥을 짓는 것이 포인트이다. 나물의 간이 밥에 충분히 배어들기 때문에 따로 양념장이 없어도 괜찮다.
- 개인적으로는 여러 재료가 들어가는 솥밥을 지을 때 처음부터 모든 재료를 넣기보다 중간에 제일 약한 불로 줄일 때 넣는 편이다. 재료가 흐물거리거나 향이 약해지는 것을 선호하지 않아서인데, 번거롭게 느껴진다면 모든 재료를 처음부터 넣어도 좋다. 단, 콩이나 밤, 은행 등 오래 익혀야 하거나 모양에 크게 변화가 없는 재료는 처음부터 넣는 게 좋다.

1. 쌀은 흐르는 물에 여러 번 씻은 후 체에 밭쳐 물기를 뺀 상태에서 20분간 불린다.
2. 건곤드레는 물에 20~30분 정도 충분히 불린 후 깨끗하게 여러 번 헹군다.
3. 불린 곤드레를 끓는 물에 20분가량 데친 후 체로 건져 찬물에 씻고 물기를 꼭 짠다.

4. 물기를 짠 곤드레는 먹기 좋은 크기로 자른다.

5. 볼에 곤드레와 분량의 양념을 넣고 조물조물 무친다.

6. 감자는 껍질을 제거하고 한 입 크기로 썬다.

7. 솥에 불린 쌀과 동일한 양의 물을 넣고 감자를 올린다.

8. 뚜껑을 연 채로 센 불에서 8분간 끓인 뒤 뚜껑을 덮고 제일 약한 불로 줄여 13분 더 끓이다가, 곤드레나물을 넣고 불을 끄고 15분간 뜸을 들인다.

TIP | 전기밥솥을 사용할 경우, 재료를 모두 넣은 뒤 일반 백미 취사를 선택한다.

9. 밥이 다 되면 주걱으로 고르게 섞는다.

깨로 버무린 우엉조림

재료(2인분)

우엉 200g
참깨(간 것) 1T
참기름 1t

양념

물 300㎖
멸치육수 200㎖
간장 5T
황설탕 2, 1/2T

TIP

- 우엉조림을 만들고 남은 간장 양념은 버섯이나 곤약을 졸일 때 쓴다. 한 번 끓여 식힌 다음 냉장 보관했다가 간장떡볶이나 불고기 양념으로 활용해도 좋다. 도시락을 싸기 전에 간장 양념을 넣어 무치면 더 맛있으니 버리지 말고 따로 보관한다.
- 우엉은 채소용 솔이나 거친 천, 수세미로 표면을 닦은 뒤 사용하면 껍질의 영양소까지 섭취할 수 있어 좋다. 취향에 따라 필러로 벗겨도 된다.

1. 우엉은 껍질을 깨끗이 닦고 6~7cm 길이로 자른 후 반으로 자른다.

   TIP | 굵기나 취향에 따라 우엉을 자른다. 내부 단면이 많이 드러날수록 양념이 더 잘 밴다.

2. 끓는 물에 자른 우엉을 넣고 3~5분 정도 데쳤다가 체로 건진다.

3. 냄비에 데친 우엉과 분량의 양념을 모두 넣고 중불로 20분 졸이다가 센 불로 5분 끓인다.

4. 불을 끄고 한 김 식힌 뒤 참기름 1t를 넣고 섞는다.

   TIP | 양념은 무침용으로 버리지 않고 남겨둔다.

5. 먹기 직전에 우엉과 양념 1T, 갈아둔 참깨 1T를 함께 버무리고 마무리한다.

버섯 피클

재료

버섯 500g
(만가닥버섯, 새송이버섯,
표고버섯 등)
건고추 2개
커민 1꼬집

식초물

물 1ℓ
식초 300㎖
소금 2t
월계수 잎 2장

TIP

- 소금과 식초로만 간을 하는 피클이기 때문에 커민을 넣어 향을 더했다. 커민이 없다면 생략해도 좋다.
- 2주 동안 냉장 보관이 가능하니 넉넉하게 만들어 여러 도시락에 반찬으로 활용하면 좋다. 버섯만 건져 올리브오일과 버무려 샐러드에 곁들여도 좋다.

1. 버섯은 키친타월로 먼지만 살짝 털어 내고 먹기 좋은 크기로 자른다.

2. 냄비에 분량의 식초물 재료를 모두 넣고 끓인 뒤, 버섯을 넣고 센 불에서 6~7분가량 끓인다.

3. 불을 끄고 건고추와 커민을 넣는다.

4. 한 김 식으면 밀폐용기에 담아 냉장 보관하고 먹기 전에 버섯만 건져 먹는다.

　TIP | 전날 만들어두는 게 좋다.

A VEGETABLE
LUNCH BOX

유부달걀말이
단호박 풋마늘 간장볶음
오이 간장 초절임

(4)

가끔 옛날 도시락 느낌이 그리워질 때가 있다. 그리운 마음을 담아 달걀말이와 채소볶음, 절임 반찬으로 구성되는 소박한 도시락을 만들었다. 여기에 들어가는 반찬들은 도시락을 쌀 때 바로 담기만 하면 끝나기 때문에 한 번에 2~3일치를 미리 만들어두면 편하다.

매번 새로운 반찬을 만들고 메뉴를 고민하는 것은 재미있기도 하지만 때론 스트레스가 될 수 있다. 직접 음식을 만들어 지속적으로 챙겨 먹고 싶을 때 가장 중요한 것은 요리에 대한 가뿐한 마음가짐이다. 요리가 부담이나 귀찮은 일과가 되지 않도록 해야 한다. 그러니 여기에 소개된 메뉴 중 만들기 편한 것들로 먼저 만들어보고, 가뿐하게 만들 수 있는 메뉴를 하나둘씩 늘려나가는 것도 좋은 방법이다.

유부달걀말이

재료(2인분)

달걀 4개
유부조림 1장
올리브오일 적당량

밑간

멸치육수 1T
설탕 1, 1/2t
소금 1/3t

TIP

- 시판 유부초밥용 피 대신 직접 유부조림을 만들 경우 250쪽을 참고한다.

1. 달걀을 풀고 분량의 밑간 재료를 섞는다.

2. 팬에 올리브오일을 두른 뒤 약불에서 달걀물 절반을 붓는다.
3. 유부조림을 올리고 달걀을 만 뒤 달걀물을 붓는 과정을 반복해 달걀말이를 만든다.
4. 달걀말이가 식으면 적당한 두께로 썬다.

단호박 풋마늘 간장볶음

재료(2인분)

단호박 150g
풋마늘 80g
물 150㎖
올리브오일 조금
간장 1T

TIP

- 시간이 지나도 무르지 않도록 풋마늘의 대 부분을 사용하는 것이 좋다.

1. 풋마늘은 4~5cm 길이로 자르고 단호박은 최대한 얇게 썬다.

   TIP | 단호박을 최대한 얇게 썰어야 금방 익는다.

2. 팬에 물, 올리브오일 1t, 단호박을 넣고 중약불로 익힌다.

   TIP | 단호박은 수분을 빨리 흡수하며 익기 때문에, 팬이 마르면 탈 수 있다. 중약불로 익히면서 팬이 마르기 직전에 물을 1T씩 추가한다.

3. 호박이 80% 정도 익으면 남은 수분을 날린 후 올리브오일 3T를 팬 전체에 두른다.

   TIP | 단호박에서 나온 당분으로 팬이 끈적해졌다면 물을 1T 넣어 키친타월로 팬을 한 번 닦은 뒤 올리브오일을 두른다.

4. 풋마늘을 넣고 단호박과 함께 볶다가, 간장 1T를 두르고 전체적으로 고르게 간이 배도록 볶는다.

오이 간장 초절임

재료

오이 250g

식초물

물 500㎖
간장 80㎖
식초 80㎖
설탕 60g

TIP

- 냉장고에 남은 자투리 채소를 추가로 활용해도 좋다.

1. 오이는 1cm 두께로 썬다.

2. 냄비에 분량의 식초물 재료를 모두 넣고 끓였다가 한 김 식힌다.

3. 밀폐용기에 오이를 담고 그 위에 식초물을 부어 2~3시간 숙성한 뒤 냉장 보관한다.

TIP | 전날 만들어두는 게 좋다.

A VEGETABLE
LUNCH BOX

캐슈너트와 우엉을 곁들인 두부볶음
비트 양파 초절임

5

책 전체를 훑어보면 알겠지만 고춧가루 베이스의 메뉴는 찾아보기 힘들다. 대신 매운 고추를 볶거나 끓여서 은근히 올라오는 매운맛을 선호한다. 그런 면에서 여기에 나오는 간장볶음 양념은 평상시보다 자극적인 맛을 원할 때 자주 사용하는 배합이다. 간장 베이스에 건고추를 우리고 두부, 채소, 견과류를 볶아 단맛, 짠맛, 매운맛을 모두 품도록 했다. 도시락은 메뉴가 간소한 만큼 여러 재료를 사용해 다양한 식감과 맛을 느끼게 하는 것이 좋다.

그리고 이렇게 여러 재료를 차례로 볶을 때는 오래 볶아도 재료의 수분이나 식감에 영향이 적은 것부터 넣는 것이 좋다. 견과류로 시작해 우엉, 두부, 피망 순서로 넣고 볶는다. 마지막에 넣은 피망이 너무 흐물거리지 않도록 주의하여 가급적이면 모든 재료의 식감을 잘 살리는 것이 좋다.

캐슈너트와 우엉을 곁들인 두부볶음

재료(2인분)

두부(부침용) 130g
우엉 50g
캐슈너트 20g
피망 40g
식용유 적당량
참깨 1꼬집

볶음 양념

간장 1, 1/2T
물 1T
청주 1/2T
설탕 2T
건고추 2개

TIP

- 두부는 튀김옷 없이 그대로 튀기기 때문에 단단한 부침용 두부를 사용하는 것이 좋다. 전체적으로 수분을 잘 빼고, 자른 후에도 키친타월로 눌러 마지막까지 수분을 빼는 것이 중요하다.
- 기름 속에서 보글보글 올라오는 거품은 재료의 수분이다. 수분이 빠지며 바삭해지는 것으로 더 이상 거품이 올라오지 않으면 잘 튀겨진 것이다. 두부는 수분을 많이 머금고 있기 때문에 초반에 뿜어져 나오는 거품이 많다. 수분과 함께 콩물이나 두부 입자도 나와 기름이 탁해질 수 있기 때문에 다른 재료를 튀기고 마지막에 두부를 튀기는 것이 좋다.

1. 우엉은 돌려 가며 썰고 두부는 도톰한 막대 모양으로 썬다. 피망은 세로로 길쭉하게 썬다.

2. 두부와 우엉은 키친타월로 수분을 충분히 제거한다.

   TIP | 두부는 채반에 놓고, 소금을 살짝 뿌려 수분을 충분히 제거해도 좋다.

3. 160℃의 식용유에 우엉을 노릇하게 튀겨내고 식힌다.

4. 두부를 튀겨 모든 면이 고루 노릇해지면 건져서 기름을 털어내고 식힌다.

5. 캐슈너트는 마른 팬에 살짝 볶고 덜어둔다.

6. 팬에 분량의 볶음 양념을 넣고 중불에서 살짝 졸아들 때까지 끓인다.

7. 캐슈너트-우엉-두부-피망 순서로 넣고 중불에서 전체적으로 양념이 배도록 볶아 완성한다.

TIP | 두부는 금방 양념을 흡수하므로 너무 짜지 않도록 순서를 지켜 넣는다. 완성 후에 참깨를 뿌려도 좋다.

비트 양파 초절임

재료

양파 200g
비트 50g
식초 3T
설탕 1/2T

TIP

- 비트 양파 초절임은 숨이 죽고 양념이 배는 데 시간이 걸리므로 당일에 만드는 것보다 전날 만들어두는 것이 좋다. 냉장 보관하면 일주일 정도 두고 먹을 수 있다.
- 열을 가하지 않고 만드는 초절임 종류는 매일 다른 재료를 조금씩 첨가하여 색다르게 먹어도 좋다. 딜, 청양고추, 당근, 샐러리, 고수, 올리브오일, 후추 등 다양한 재료를 활용해보자.

1. 양파와 비트는 가늘게 채 썬다.

2. 볼에 채 썬 양파, 비트와 식초 3T, 설탕 1/2T를 넣어 고루 섞는다.

3. 간이 고루 배도록 20~30분 간격으로 한 번씩 뒤섞으며 실온에 2~3시간 두어 숙성시킨다. 숨이 충분히 죽고 간이 잘 배면 밀폐용기에 담아 냉장 보관한다.

A VEGETABLE
LUNCH BOX

볶은 아스파라거스를 넣은 달걀말이김밥
양배추 초절임
구운 채소

6

두툼하고 달콤한 달걀말이 하나를 과감하게 넣은 김밥을 만들고 싶었다. 달걀초밥이나 부드럽고 달콤한 달걀샌드위치를 좋아하는데, 달걀은 심플하게 만든 음식일수록 맛이 도드라지는 느낌이다. 아스파라거스를 둥근 모양 그대로 넣었다면 엄청나게 투박하고 거대한 달걀말이가 되었겠지만, 얇게 슬라이스하고 볶아 달걀말이 안에 넣으면 모양 잡기도 쉽고 예쁜 사각형으로 만들 수 있다. 간단하지만 영양도 좋고, 달콤하고 고소한 맛에 자꾸 손이 가는 김밥이다.

볶은 아스파라거스를 넣은
달걀말이김밥

재료(김밥 2줄)

김밥 김 2장
완두콩밥 400g
올리브오일 조금

아스파라거스볶음

아스파라거스 90g
다진 마늘 1t
소금 1꼬집
올리브오일 조금

달걀말이

달걀 3개
멸치육수 1T
설탕 2t
소금 1/2t

밥 밑간

매실청 1, 1/2T
참기름 1T
소금 1/3t

TIP

- 아스파라거스는 필러로 슬라이스해 볶으면 간도 잘 배고, 달걀과도 밀착이 잘되어 달걀말이를 만들기가 더 쉽다.
- 달걀말이 양념 중 멸치육수는 감칠맛을 더하는 재료이지만 없다면 대신 물을 넣어도 좋다. 다시마 우린 물이나 다시마육수도 좋다.
- 완두콩밥으로 식감과 영양을 더했지만 백미밥으로 만들어도 좋다.
- 식용 꽃으로 장식했지만 생략해도 좋다.

1. 아스파라거스는 필러를 사용해 얇게 슬라이스한다.

   TIP | 이때 필러 방향을 머리 쪽에서 한 번, 줄기 아래쪽에서 한 번씩 번갈아가면서 슬라이스하면 마지막까지 고르게 슬라이스할 수 있다.

2. 팬에 올리브오일을 두르고 약불에서 다진 마늘 1t를 볶아 향을 낸다.

3. 슬라이스한 아스파라거스와 소금 한 꼬집을 넣고 부드러워질 때까지 충분히 볶는다.

   TIP | 아스파라거스 대가 부드럽게 휠 때까지 볶아야 달걀에 넣고 말기 쉬워진다.

4. 볼에 분량의 달걀말이 재료를 넣어 잘 섞는다.

5. 팬에 올리브오일을 두른 뒤 약불에서 달걀물 절반을 붓는다. 달걀이 익기 전에 볶은 아스파라거스를 빠르게 올리고 끝에서부터 돌돌 만다. 나머지 달걀물도 부어 달걀을 도톰하게 말아 완성한다.

   TIP | 이때 불이 너무 세지 않아야 부드럽고 밝은 노란색의 달걀말이가 만들어진다.

6. 달걀말이를 식힌 뒤 세로로 길게 반 가른다.

7. 완두콩을 넣어 지은 밥에 분량의 밑간을 넣고 고루 섞는다.
8. 김에 완두콩밥을 얇고 넓게 펼치고 달걀말이를 올려 만 다음 썬다.
   TIP | 완두콩이 김밥 좌우 끝 쪽으로 가지 않도록 밥을 깔아야 김밥을 자를 때 튀어나가지 않는다. 완두콩을 김에 잘 밀착시키는 것도 중요하다.

양배추 초절임

TIP
- 전날 만들어두면 좋다. 2~3일 냉장 보관 가능하다.

재료

양배추 150g
양파 40g
설탕 1/2T
식초 3T

1. 양배추와 양파는 가늘게 채 썬다.

2. 볼에 손질한 양배추와 양파, 설탕 1/2T 와 식초 3T를 넣어 재운다.

3. 20~30분 간격으로 한 번씩 뒤섞으며 실온에서 2~3시간 숙성한다. 숨이 충분히 죽고 간이 고르게 배면 나온 수분을 따라내고 밀폐용기에 담아 냉장 보관한다.

구운 채소

재료(2인분)

콜리플라워 30g
미니 당근 20g
방울 양배추 15g
통마늘 5g
올리브오일 1T
소금 1꼬집

TIP

- 좋아하는 채소 중에 단단한 편인 것들을 구워도 좋다. 쉽게 무르지 않고 물이 나오지 않아 도시락 곁들임 메뉴로 추천한다.

1. 콜리플라워, 미니 당근, 방울 양배추를 먹기 좋은 크기로 자르고 마늘은 편으로 썬다.

2. 달군 팬에 올리브오일을 두르고 편으로 썬 마늘을 볶아 향을 낸다.

3. 팬에 콜리플라워와 미니 당근, 방울 양배추를 넣고 소금 한 꼬집을 뿌린 뒤 중불에서 겉이 노릇해지도록 굽는다.

A VEGETABLE
LUNCH BOX

뿌리채소 영양솥밥
렌틸콩볶음
오이 초무침

(7)

카페를 운영할 때, 식사 메뉴로 채소 플레이트를 준비한 적이 있다. 대부분 재료의 맛을 그대로 살린 심심한 간의 채소 절임이나 삶은 곡물로 구성하였기 때문에 간을 더해줄 메뉴가 필요했다. 고민하다 추가한 것이 간장으로 간을 한 렌틸콩볶음이었다. 재료가 양념을 잘 흡수하고 식감 또한 부드러우며 사이즈도 작았기 때문에 여기저기에 섞이더라도 크게 이질감이 없었다. 옛날 도시락 반찬으로 찐득한 콩자반이 있었다면 좀 더 마일드한 느낌으로 렌틸콩볶음이 들어간 것이다. 이처럼 비슷한 맥락이지만 재료나 간의 세기에 변화를 주는 것만으로 완전히 새로운 메뉴가 되기도 한다. 렌틸콩볶음은 전체 구성에 크게 거슬리지만 않는다면 간을 잡아주고 영양을 더하는 감초 역할을 톡톡히 하니 다른 메뉴에서도 자주 활용해보기를 권한다.

뿌리채소 영양솥밥

재료(2인분)

백미 230㎖
물 230㎖
우엉 70g
당근 65g
은행 40g

건표고버섯 15g
쪽파 10g
참기름 1T
간장 1T
참깨 1꼬집

TIP

- 우엉과 당근은 껍질을 벗기지 않고 채소용 솔이나 거친 천, 수세미로 표면을 닦은 뒤 사용하면 껍질의 영양소까지 섭취할 수 있어 더욱 좋다. 취향에 따라 필러로 벗겨도 좋다.
- 은행의 속껍질은 제거하지 않고 그대로 사용해도 좋다.

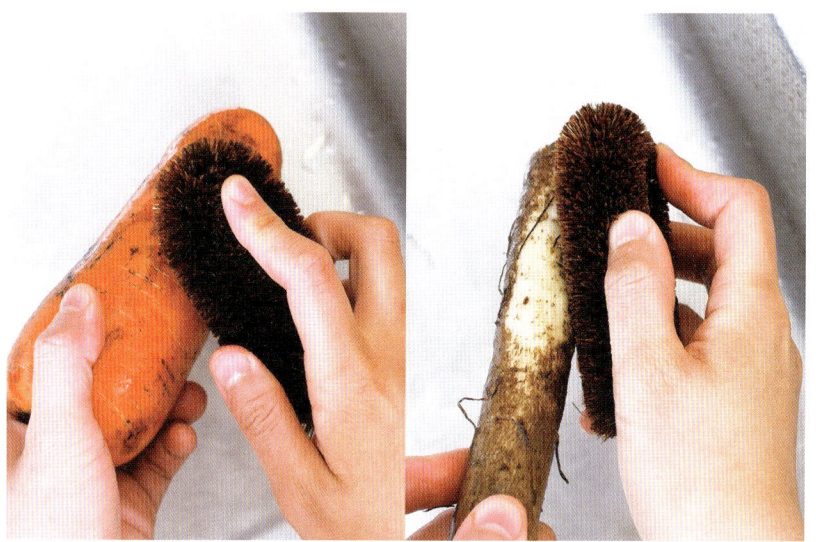

1. 쌀은 흐르는 물에 여러 번 씻은 후 체에 밭쳐 물기를 뺀 상태에서 20분간 불린다.
2. 건표고버섯은 물에 15분가량 불렸다 물기를 꼭 짜서 준비한다.
3. 우엉과 당근은 수세미로 표면을 깨끗이 닦는다.

4. 우엉은 둥근 단면을 살려 6~7mm 두께로 썬다.
5. 당근은 짧게 채 썬다.
6. 쪽파는 송송 썬다.

6. 달군 팬에 참기름 1T를 두르고 중불에서 우엉과 건표고버섯을 볶다가 간장 1T를 넣고 더 볶아 낸다.

7. 솥에 쌀과 밥물을 넣고 위에 은행과 당근을 올린다. 뚜껑을 연 채로 센 불에서 8분가량 끓이다가 제일 약한 불로 줄이고 볶은 우엉과 표고버섯을 올린 다음 뚜껑을 닫고 13분간 더 끓인다.

TIP │ 약불로 줄인 후 우엉과 표고버섯을 넣어야 재료의 식감을 모두 살릴 수 있다. 전기밥솥으로 밥을 하는 경우에는 시작부터 쪽파를 제외한 모든 재료를 넣고 일반 백미 취사를 선택한다.

8. 불을 끄고 뚜껑을 열어 송송 썬 쪽파를 올린 뒤 뚜껑을 닫고 15분간 뜸을 들인다.

9. 밥이 다 되면 주걱으로 고르게 섞는다.

TIP | 완성 후에 참깨를 한 꼬집 뿌려도 좋다.

렌틸콩볶음

재료(2인분)

렌틸콩 120g

간장 2T

설탕 1/2T

올리브오일 조금

TIP

- 렌틸콩은 미리 삶아서 냉장 및 냉동 보관해두면 편리하다. 삶은 채로 냉동 보관해두었다가 필요할 때 꺼내서 레시피처럼 볶거나, 수프나 커리를 끓일 때 첨가해도 좋다. 냉장 보관 시에는 밀폐용기에 담아 종이호일이나 랩을 콩에 밀착해 덮으면 산소와의 접촉을 최대한 차단해 2~3일가량 보관이 가능하다.

1. 렌틸콩을 끓는 물에 넣고 12~13분가량 삶은 다음 체로 건져낸다.

   TIP | 너무 오래 익혀 콩이 으깨지지 않도록 유의한다. 거품은 걷어낸다.

2. 삶은 렌틸콩을 체에 펼치고 살짝 식힌다.

3. 팬에 올리브오일을 두르고 삶은 렌틸콩을 중약불에서 20분가량 볶다가 간장 2T, 설탕 1/2T를 넣고 센 불에 1~2분가량 빠르게 볶는다.

오이 초무침

TIP
- 냉장고에 남은 자투리 채소를 추가로 활용해도 좋다.
- 전날 만들어두어도 되지만 절임이 아닌 초무침이기 때문에 바로 만들어 먹는 것이 좋다.

재료(2인분)

오이 250g
청양고추 1/2개
참깨(간 것) 1t
소금 1꼬집

양념

식초 1T
설탕 1t
다진 마늘 1t

1. 오이는 껍질의 돌기 부분을 제거하고 3~4cm 길이로 썰어 4등분 한다.
2. 청양고추는 씨를 빼고 잘게 채 썬다.
3. 볼에 손질한 오이와 청양고추, 소금 한 꼬집을 넣어 살짝 버무린다.
4. 분량의 양념을 넣고 고르게 버무린다.
5. 마지막에 참깨 간 것을 뿌리고 마무리한다.

A VEGETABLE
LUNCH BOX

볶은 궁채나물을 올린 버섯솥밥
세발나물 옥수수전
채소 피클

8

나는 쫄깃하고 오독오독한 식감을 지닌 식재료에 본능적으로 이끌리는 편인데 궁채나물이 그랬다. 오독하고 재밌는 식감의 궁채나물과 쫄깃한 버섯을 함께 넣어 솥밥을 지으면 식감 면에서 아주 재미있는 음식이 될 것 같았다. 역시 식감이 아주 매력적인 솥밥이 탄생했다.

궁채나물은 아주 특이한 맛이나 향이 있는 것은 아니기 때문에 조리하는 방법에 따라 다양하게 변화가 가능하다. 조림을 하거나 국, 부침에 활용하면 변화무쌍한 재료가 되니 다양한 시도를 해보길 바란다.

볶은 궁채나물을 올린 버섯솥밥

재료(2인분)

건궁채나물 30g
건표고버섯 25g
백미 200㎖
물 200㎖
들기름 조금
참기름 1T

간장 3T
다진 마늘 1, 1/2t
들깻가루 2T
소금 1꼬집

TIP

- 궁채나물은 건조 상태나 데친 상태로 판매하니 편리한 것을 구매하여 사용하면 된다. 데친 것은 깨끗하게 세척하여 끓는 물에 빠르게 한 번 데쳐내고 사용한다.
- 건궁채나물은 1~2시간 정도 넉넉히 시간을 두고 불려야 한다. 넉넉한 양을 미리 불리고 삶아 냉동해두면 요리하기가 편리하다.
- 볶은 궁채나물은 그대로 반찬으로 즐겨도 좋다.
- 버섯을 넣고 밥을 지으면 버섯에서 물이 나와 물 조절이 어려울 때가 많다. 그럴 때는 말린 버섯을 불려 사용하면 물 조절이 쉬워진다.
- 다 지은 밥에 쪽파와 참깨를 올려 마무리해도 좋다.
- 도시락을 쌀 때는 라디치오나 잎채소를 칸막이로 활용하면 메뉴가 서로 섞이지 않아 편리하다.

1. 쌀은 흐르는 물에 여러 번 씻은 후 체에 밭쳐 물기를 뺀 상태에서 20분간 불린다.

2. 건궁채나물은 물에 1시간가량 불린 다음 깨끗하게 씻어 끓는 물에 5분가량 데친다.
   TIP | 불리는 중간에 물을 1~2번 갈아주면 좋다.

3. 데친 궁채나물을 2cm 길이로 자른다.

4. 팬에 들기름 1T와 다진 마늘 1, 1/2t, 궁채나물을 넣어 약불에서 볶는다.

5. 마늘 향이 올라오면 간장 2T, 소금 한 꼬집을 넣고 중불에서 고르게 볶는다.

6. 충분히 볶이면 들기름 1/2t를 더해 한 번 더 볶은 다음, 들깻가루 2T를 넣어 마무리한다.

7. 건표고버섯은 물에 30분가량 불렸다 충분히 부드러워지면 건져서 물기를 짜낸다.

8. 팬에 참기름을 1T를 두르고 불린 건표고버섯을 넣어 볶다가 간장 1T를 넣어 살짝 더 볶는다.

9. 솥에 불린 쌀을 담고 뚜껑을 연 채로 센 불에서 8분간 끓인다. 궁채나물과 표고버섯을 넣고 뚜껑을 덮은 다음 제일 약한 불로 줄여 13분 더 끓이다가 불을 끄고 15분간 뜸을 들인다.

TIP | 전기밥솥을 사용할 경우 모든 재료를 넣고 일반 백미 취사를 선택한다.

10. 밥이 다 되면 주걱으로 고르게 섞는다.

세발나물 옥수수전

재료(2인분)

옥수수 알갱이 100g
피망 180g
세발나물 20g
올리브오일 조금

부침 반죽

물 40㎖
부침가루 30g
달걀 1개
소금 1/3t
후추 조금

TIP

- 옥수수가 제철일 때는 생옥수수를 사용해도 좋고 이외의 계절에는 캔 옥수수를 사용한다.

1. 세발나물은 차가운 물에 10분 정도 담 갔다가 흐르는 물에 헹군다.

   TIP | 차가운 물에 담가두면 채소 숨이 살아나고, 사이사이에 붙은 먼지나 이물질이 붙어서 세척이 용이하다. 길이가 길거나 다소 억센 세발나물은 2~3cm 길이로 자른다.

2. 피망은 1~1.5cm 두께의 링 형태로 잘라 가운데 씨를 제거한다.

3. 볼에 분량의 부침 반죽 재료를 고루 섞은 다음 세발나물, 옥수수 알갱이를 넣고 잘 섞는다.

4. 중약불에 올린 팬에 올리브오일을 두르고 피망을 올린 다음 링 안쪽에 반죽을 조심히 채워 넣고 익힌다.

5. 피망과 반죽이 붙고 속이 조금 익으면 뒤집고 약불로 줄여 익힌 뒤, 식힌다.

   TIP | 완성된 전을 식힘망에 올려 식히면 바삭함을 좀 더 오래 유지할 수 있다.

채소 피클

재료

오이 500g
풋마늘 40g
알배추 50g

식초물

물 800㎖
식초 200㎖
설탕 60g
소금 1/2t
통후추 1T
건고추 2개

TIP

- 채소 피클은 기본 재료로 무난한 오이 외에 다양한 채소를 추가해도 좋다. 책에서는 풋마늘과 알배추를 추가했다. 향신채를 좋아한다면 마늘종과 샐러리 등을 추천하며, 향이 부담스럽다면 오이로만 만들어도 충분하다.

1. 오이는 껍질의 돌기 부분을 제거한 뒤 1cm 두께로 썰고 풋마늘은 5cm 길이로 자른다. 알배추는 반으로 잘라 더러운 겉잎만 제거한다.
2. 냄비에 분량의 식초물을 끓인다.
3. 밀폐용기에 손질한 채소를 담고 끓인 식초물을 부어 실온에서 하루 숙성 후 냉장 보관한다.

A VEGETABLE
LUNCH BOX

볶은 멸치를 올린 피스타치오솥밥
당근 겨자 절임
버섯조림

(9)

일 년 전부터 전기밥솥을 없애고 솥밥을 지어 먹기 시작했다. 1~2인분 분량의 쌀로 솥밥을 지어 먹는 것은 시간도 얼마 안 걸리고 훌륭한 밥맛을 선사해주기에 별로 귀찮은 일이 아니었다. 그리고 매일 솥밥을 해 먹다 보니 밥 자체에 이런저런 재료를 추가해 간단한 반찬과 함께 먹는 것이 좋아졌다. 제일 자주 넣어 먹는 재료는 은행인데, 고소하고 쫀득한 맛과 식감 그리고 좀 더 건강해지는 느낌이 좋았다. 은행을 시작으로 밥에 더할 수 있는 여러 가지 재료를 시도해보았고 그중 가장 좋았던 재료가 피스타치오였다. 탈각하지 않은 피스타치오를 냉동실에 보관해두었다가 먹을 만큼만 꺼내 껍데기를 까고 소금으로 간을 하여 밥에 추가하는 그 과정 자체가 나 스스로에게 정성을 쏟는 느낌이라 좋았다. 밥이 완성되어 뚜껑을 열면 고소한 향이 기분 좋게 피어오른다. 첫 입은 다른 반찬 없이 피스타치오와 따뜻한 밥만 조금 떠서 오물오물 씹는다. 입과 몸이 건강하게 시동을 걸고 마음이 단정해진다.

볶은 멸치를 올린 피스타치오솥밥

재료(2인분)

백미 230㎖

물 230㎖

밤(껍질 벗긴 것) 100g

은행 40g

피스타치오 20g

잔멸치 15g

물(피스타치오 밑간용) 1t

참기름 1/2t

설탕 1/2t

소금 1/2t

TIP

- 견과류가 들어간 밥은 생각보다 이질감 없이 고소하고 맛있다. 잣, 호두, 아몬드 등을 적극적으로 활용해보자.

1. 쌀은 흐르는 물에 여러 번 씻은 후 체에 밭쳐 물기를 뺀 상태에서 20분간 불린다.

2. 잔멸치는 약불에서 참기름 1/2t를 두르고 볶다가 설탕 1/2t를 넣고 더 볶는다.

3. 볼에 피스타치오, 물 1t, 소금 1/2t를 넣고 잘 섞은 다음, 마른 팬에서 약불에 살짝 구워낸다.

   TIP | 피스타치오는 오븐에 굽는 것이 간편하지만, 약간의 물과 소금으로 간한 뒤 팬에 볶아도 된다. 짭조름한 간이 밴 견과류를 만들고 싶을 때는 이 방법을 사용하면 표면에 소금을 뿌려 굽는 것보다 고르게 간이 배어든다. 여기에 후추나 허브를 추가하면 원하는 맛의 견과류로 로스팅할 수 있다.

4. 솥에 불린 쌀과 물을 넣고 밤, 은행, 구운 피스타치오를 올린다.

5. 뚜껑을 연 채로 센불로 8분, 뚜껑을 닫고 제일 약한 불로 줄여 13분, 불을 끄고 15분간 뜸을 들여 솥밥을 짓는다.

   TIP | 전기밥솥을 사용할 경우 볶은 멸치를 제외한 모든 재료를 넣고 일반 백미 취사를 선택한다.

6. 밥이 다 되면 주걱으로 고르게 섞어 도시락에 담고 볶아둔 멸치를 밥 위에 올린다.

당근 겨자 절임

재료

당근 400g

양념

설탕 30g
소금 10g
겨자분 5g

TIP

- 당근 겨자 절임은 맛이 배기까지 시간이 걸리기 때문에 전날 밤에 미리 재워두면 편하다. 완성한 당근 겨자 절임은 일주일가량 보관이 가능하며, 먹기 전에 겨자 양념을 덜어낸다.

1. 당근은 원형을 살려 6~7mm 두께로 자른다.

2. 볼에 당근과 분량의 양념을 모두 섞어 재워둔다.

3. 실온에서 3~4시간 숙성하면서 중간중간 뒤섞다가 당근이 말랑해지면 냉장 보관하여 숙성시킨다.

버섯조림

재료

버섯 100g(표고버섯, 느타리버섯 등)
참기름 1t

양념

물 200㎖
간장 60㎖
설탕 2T
건고추 2개

TIP

- 버섯은 좋아하는 버섯으로 자유롭게 준비해도 된다. 하루 전에 미리 만들어 냉장 보관한다.
- 따뜻한 밥에 버섯조림과 버섯조림을 만들고 남은 양념 몇 스푼, 참기름 조금, 달걀프라이를 더해 비벼 먹어도 별미이다. 간장떡볶이나 불고기 양념으로 활용해도 좋다.
- 도시락을 완성한 후에 참깨를 살짝 뿌려도 좋다.

1. 버섯은 먹기 좋은 크기로 자른다.

2. 팬에 분량의 양념과 손질한 버섯을 넣고 중간중간 섞으며 졸인다.
3. 불을 끄고 참기름 1t를 둘러 고루 섞는다.

A VEGETABLE
LUNCH BOX

매실 절임 주먹밥
구운 두부와 채소 샐러드

(10)

매실은 내 인생의 재료라고 해도 과언이 아니다. 중학교로 넘어가던 해, 부모님이 시골에 별장을 마련하셨다. 지리산 중턱의 매실 농원이 있던 곳이었다. 처음 몇 년은 그냥 두다가 어느 해부터 본격적으로 매실을 따기 시작했다. 몇 년을 방치해둔 덕에 정말 깨끗하고 좋은 매실이 주렁주렁 열렸다. 여름이 시작되는 무렵, 매실을 따 1년 동안 먹을 장아찌와 절임, 술 등을 만들었다.

그때 만들어 20년이 되어가는 매실청은 씨간장처럼 매해 새로 담그는 매실청에 소량씩 섞는데, 맛에 큰 영향을 주지 않는 양이겠지만 일종의 의식 같은 과정이다. 김장보다 매실 작업을 더 중요하게 생각하는 우리 집에서 새로운 한 해를 반기는 방법이다.

게다가 매실의 효능 중 하나가 음식을 상하지 않게 도와주는 역할이라고 하니 더운 날 도시락으로 챙기기에도 더없이 좋다. 새콤함이 입맛을 돌게 해주고 조금 더 안전하게 들고 이동할 수 있으니 여름 도시락에 꼭 필요한 존재이다.

매실 절임 주먹밥

재료(2인분)

매실 절임 60g
백미밥 400g
취나물 잎 2장

양념

매실청 1/2t
소금 1/2t
깨소금 1t
참기름 1T

TIP

- 매실 절임 주먹밥은 고소하거나 묵직한 메뉴들과 함께 곁들일 때 맛의 밸런스를 잡아주어 자주 활용한다. 매실청은 과하지 않은 단맛과 새콤함을 모두 가지고 있기 때문에 소금과 참기름만 첨가하면 쉽고 간단하게 양념을 할 수 있다.
- 매실절임 만드는 방법은 39쪽을 참고한다.
- 깻잎, 참나물, 곰취 등 잎채소로 주먹밥을 감싸면 들고 먹기도 좋고 보기에도 좋다.

1. 고슬하게 지은 밥에 매실 절임과 분량의 양념을 넣고 고루 섞는다.

   TIP | 완전히 식은 상태보다 밥이 따뜻할 때 조금씩 부어가며 간이 배어들도록 밥을 섞는 것이 좋다. 너무 누르며 치대면 고슬하게 지은 밥도 질어질 수 있으니 주걱으로 살살 가르며 조심히 섞는다.

2. 랩을 이용해 밥을 꽉 밀착시켜 둥글게 뭉친다.

   TIP | 주먹밥을 만들 때에는 랩이나 비닐을 사용하면 편리하고 단단하게 뭉칠 수 있다.

3. 취나물 잎으로 주먹밥을 감싸 마무리한다.

구운 두부와 채소 샐러드

재료(2인분)

두부 180g
단호박 슬라이스 2개
애호박 60g
방울토마토 60g
미니 당근 40g
꽈리고추 20g
브로콜리니 2대
풋마늘 2대
샐러드용 그린 채소 30g
버터 5g
올리브오일 조금
소금 3꼬집

드레싱

두유 40g
피넛버터 20g
다진 청양고추 1t
엑스트라버진 올리브오일 1/2T
간장 1t
식초 1t
참깨(간 것) 1t

TIP

- 샐러드용 그린 채소와 구이용 채소는 취향에 따라 다양하게 준비해도 좋다.
- 채소는 모양과 열을 가하는 정도가 비슷한 것끼리 굽는 것이 수월하다.

1. 구이용 채소는 먹기 좋은 크기로 잘라 준비한다.

2. 두부는 먹기 좋은 크기로 썰어 키친타월로 수분을 충분히 제거한다.

3. 팬에 올리브오일을 충분히 두르고 두부를 올린 뒤 소금 한 꼬집을 뿌리고 중약불에서 노릇하게 굽는다.

   TIP | 두부의 여섯 면 모두 바삭하고 노릇해지도록 굽는다.

4. 애호박, 단호박 슬라이스, 풋마늘을 올리고 소금 한 꼬집을 뿌린 뒤 노릇하게 구워 덜어둔다.

5. 팬에 버터를 두르고 방울토마토, 미니당근, 꽈리고추, 브로콜리니를 올리고 소금 한 꼬집을 뿌린 뒤 노릇하게 굽는다.

   TIP | 버터와 잘 어울리는 채소이다.

6. 볼에 드레싱 재료를 모두 넣고 섞어 드레싱을 만든다.

7. 도시락에 샐러드용 그린 채소를 밑에 깔고 구운 채소와 두부를 올린 다음 드레싱은 따로 챙긴다.

A VEGETABLE
LUNCH BOX

버섯 취나물 주먹밥
항정살 완두콩볶음
채소 겨자절임

(11) 봄에 생으로 먹을 수 있는 취나물과 완두콩은 지나칠 수 없는 재료다. 말린 취나물과 냉동 완두콩도 편리하고 맛있지만 파릇파릇한 녹색이 살아 숨 쉬는 재료를 놓치는 건 너무나 서운한 일이다. 취나물은 나물로 만들어도 좋고, 넓고 향긋한 잎사귀로 김 대신 주먹밥을 감싸기에도 무척 좋은 재료이다. 완두콩은 껍질부터 안에 들어선 콩의 모양과 색, 이름마저 완벽하게 귀엽다. 완두콩 한 자루를 펼치면 이걸 언제 다 까나 싶어 막막해진다. 그런데 막상 까기 시작하면 늘어선 모양을 보는 재미와 후드득 떨어져 조금씩 쌓여가는 콩이 흐뭇해서 시간 가는 줄 모른다. 이처럼 재료 자체로도 충분히 맛있지만 그저 바라보고 다듬는 과정이 즐거운 재료가 있다. 이렇게 그 계절을 오롯이 즐길 수 있는 나만의 재료를 정해두는 것도 하나의 즐거움이다.

버섯 취나물 주먹밥

재료(1인분)

참송이버섯 20g
취나물 80g
백미 180㎖
물 180㎖
소금 1t
참기름 1t

양념

다진 마늘 1t
간장 1t
소금 1/2t

TIP

- 봄 이외의 계절에는 말린 취나물로 조리해도 좋다.
- 참송이버섯처럼 유난히 향이 진하고 좋은 버섯이 있다. 이런 버섯은 다른 양념으로 조리하기보다 결대로 찢어서 밥에 넣으면 버섯 특유의 향과 맛을 즐기기 좋다.
- 여러 반찬과 주먹밥을 도시락에 담을 때 양념과 반찬이 섞이는 경우가 있다. 이럴 때는 잎채소로 경계를 만들어 담으면 좋다.

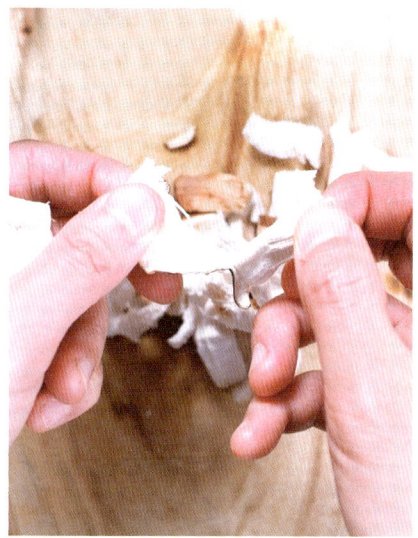

1. 쌀은 흐르는 물에 여러 번 씻은 후 체에 밭쳐 물기를 뺀 상태에서 20분간 불린다.
2. 참송이버섯은 결대로 찢는다.
3. 취나물은 너무 굵은 대 부분을 잘라낸다.
4. 끓는 물에 소금 1t를 넣고 취나물을 10~20초 사이로 빠르게 데친 다음 차가운 물에 담가 식힌다.

5. 취나물의 물기를 꼭 짜고 1~2cm 간격으로 잘게 썬다.

6. 볼에 잘게 썬 취나물과 분량의 양념을 넣고 조물조물 무친다.

7. 솥에 불린 쌀과 밥물을 넣고 뚜껑을 연 채로 센 불에서 6분간 끓인다. 양념해 둔 취나물과 참송이버섯을 올리고 뚜껑을 닫아 제일 약한 불에서 13분 더 끓인 다음 불을 끄고 15분간 뜸을 들인다.

TIP | 전기밥솥으로 밥을 하는 경우에는 시작부터 모든 재료를 넣고 일반 백미 취사를 선택한다.

8. 밥이 다 되면 참기름 1t를 뿌리고 주걱으로 고르게 잘 섞는다.

9. 랩을 이용해 밥을 꽉 밀착시켜 둥글게 뭉친다.

TIP | 주먹밥을 만들 때는 랩이나 비닐을 이용하면 편리하고 단단하게 뭉칠 수 있다.

항정살 완두콩볶음

재료(1인분)

항정살 40g
완두콩 80g
마늘 15g
간장 1/2t
소금 1/2t
올리브오일 조금

1. 항정살은 1~2cm 크기로 작게 자르고 마늘은 반으로 썰어 준비한다.
2. 팬에 올리브오일을 조금 두르고 약불에서 마늘을 볶는다.
3. 마늘 향이 올라오면 항정살을 중불에서 노릇하게 볶는다.
4. 완두콩과 간장 1/2t, 소금 1/2t를 넣고 완두콩이 부드럽게 익을 때까지 약불에서 더 볶는다.

채소 겨자절임

재료

미니 오이 250g
래디시 80g

양념

설탕 30g
소금 10g
겨자분 5g

TIP

- 채소 겨자절임은 절이는 데 시간이 걸리기 때문에 전날 밤에 미리 만들어두는 게 좋다. 오이뿐 아니라 남아 있는 자투리 채소도 함께 절여보자. 책에서는 남은 열무 뿌리, 래디시를 활용했다.
- 실온에서 하룻밤 동안 숙성했다가 냉장 보관하면 3~5일 정도 보관이 가능하다.
- 미니 오이는 모양도 예쁘고 씨 부분이 빨리 무르지 않아 좋지만 일반 오이를 사용해도 된다. 일반 오이를 쓸 경우 오이 한 개를 3등분하여 한쪽 면에 칼집을 낸다.

1. 미니 오이는 한쪽 면에 대각선으로 2~3mm 간격의 칼집을 낸다.
2. 래디시는 뿌리만 다듬는다.
3. 볼에 분량의 양념을 넣고 고루 섞는다.
4. 볼에 오이와 래디시, 섞어둔 양념을 넣어 버무린 다음 실온에서 하룻밤 동안 숙성한다.

TIP | 양념을 채소에 각각 뿌리면 양념이 고루 섞이지 않고 겨자분이나 소금이 뭉칠 수 있다. 중간중간 굴려가며 양념이 고르게 배도록 한다.

A VEGETABLE
LUNCH BOX

찰흑미 병아리콩밥
건표고버섯 무말랭이볶음
오이 배추 절임

(12)

어릴 적엔 외가 식구들이 다 함께 모여 할머니, 할아버지 산소를 다녀오곤 했다. 산소를 다녀오면 항상 그 근처 백숙집에 들러 다 같이 식사를 하고 한참을 놀다 헤어졌는데, 메뉴는 한 번도 변한 적이 없다. 질릴 법도 하지만 워낙 맛있어서 그 집에서 먹는 식사가 항상 기다려졌는데, 무엇보다 내가 가장 기다리던 것은 바로 마지막에 나오는 죽이었다. 원래도 죽을 좋아하지만 백숙을 다 먹어갈 때쯤 등장하는 진한 국물로 끓인 죽과 동치미 맛은 잊을 수가 없다.

카페를 운영하며 복날 메뉴로 뭐가 좋을지 고민하다 예전 친척들과 먹으러 다니던 그 백숙집의 죽이 생각났다. 그래서 닭육수를 진하게 우려 밥을 짓고 주먹밥을 만들어 그날의 메뉴로 냈다. 여유 많은 날 닭육수를 가득 우려 냉동해두었다가 문득 생각이 날 때마다 육수 한 팩을 퐁당 넣어 만들어 먹으면 좋다. 아삭아삭하고 새콤한 채소 반찬과 달걀말이를 추가해 색감과 영양을 더해도 좋다.

찰흑미 병아리콩밥

재료(2인분)

찰흑미 180㎖
닭육수 300㎖
백미 20㎖
병아리콩 50g
완두콩 15g

차조 1T
다진 쪽파 5g
소금 1/3t

TIP

- 이 메뉴를 위해 일부러 닭육수를 내기보다는 남은 닭육수를 활용하면 좋다. 꼭 레시피에 표시된 만큼 닭육수를 사용하지 않아도 괜찮다. 예를 들어 100㎖는 닭육수로, 나머지는 물로 채워도 충분하다.

1. 병아리콩은 물에 5시간 이상 불려둔다.

2. 찰흑미, 백미, 차조는 흐르는 물에 여러 번 씻은 후 체에 밭쳐 물기를 뺀 상태에서 20분간 불린다.

3. 솥에 불린 찰흑미, 백미, 차조와 병아리콩을 담고 닭육수를 부은 뒤 소금 1/3t를 넣어 솥밥을 짓는다. 뚜껑을 연 채로 센 불에서 8분 끓인 다음, 완두콩을 넣고 뚜껑을 닫아 제일 약한 불에서 13분 더 끓였다 불을 끄고 15분간 뜸을 들인다.
   TIP | 소금은 취향에 따라 생략해도 괜찮다.

4. 밥이 다 되면 다진 쪽파를 넣고 주걱으로 고르게 섞는다.

건표고버섯 무말랭이볶음

재료(2인분)

건표고버섯 25g
무말랭이 25g
마늘(편 썬 것) 2개
올리브오일 4T
간장 2t
소금 1t

TIP
- 실고추를 약간 올려 장식해도 좋다.

1. 건표고버섯과 무말랭이는 물에 30분가량 불렸다가 건져내 물기를 짠다.
   TIP | 이때 너무 세게 꽉 짜지 않아야 간도 잘 배고 볶고 나서도 부드럽다.

2. 팬에 올리브오일 2T와 편으로 썬 마늘을 볶아 향을 내다가 건표고버섯과 무말랭이를 넣고 노릇하게 볶는다.
   TIP | 볶는 중 채소가 너무 마른 느낌이 든다면 물 1~2T를 추가한다.

3. 소금 1t를 넣어 볶다가 팬이 마르면 올리브오일 2T를 추가한 다음 간장 2t를 넣고 더 볶아 완성한다.

오이 배추 절임

재료

오이 120g
배추 100g
레몬 껍질 5g
레몬즙 1T
설탕 3, 1/2t
식초 1/2t
소금 1t

TIP

- 오이 배추 절임은 절이는 데 시간이 좀 걸리는 데다 수분을 짜내고 양념을 더해야 하기 때문에 전날 만들어두는 게 좋다. 대신 한 번 만들어두면 일주일은 거뜬하게 냉장 보관할 수 있어 언제든지 도시락 메뉴로 활용하기 좋다.
- 레몬 껍질 대신 유자 껍질을 활용해도 좋다. 이렇게 껍질을 활용할 때는 외피만 사용하고, 껍질의 흰 부분이 들어가지 않도록 얇게 벗겨내야 향이 잘 올라온다. 3~5일 정도 냉장 보관 가능하다.
- 고수 잎과 래디시로 장식해도 좋다.

1. 오이와 배추, 레몬 껍질은 가늘게 채 썬다.

2. 큰 볼에 채 썬 오이와 배추를 담고 설탕 3t, 소금 1t를 넣어 절인다.
3. 오이와 배추에 간이 고루 배게 중간중간 섞어주다가 30분~1시간 뒤 수분이 충분히 나오면 물을 따라낸다.
4. 채 썬 레몬 껍질과 레몬즙 1T를 넣고 고르게 섞다가 식초 1/2t, 설탕 1/2t를 넣고 버무려 마무리한다.

A VEGETABLE
LUNCH BOX

엄나무 순 주먹밥
가지 무 강정

(13) 엄마표 봄 알람이 있다면 바로 엄나무 순이다. 시장에 등장하는 순간부터 퇴장할 때까지 여러 방법으로 요리를 해주시곤 하는데, 가장 좋은 건 살짝 데쳐 본연의 맛 그대로 먹는 것이다. 참두릅과는 또 다른 모양과 식감으로 보드라우면서도 아득아득 씹히는 식감과 쌉쌀하고 향긋한 맛이 아주 매력적인 식재료이다.

사계절 내내 먹을 수 있는 재료도 기쁨이지만 찰나의 계절에만 잠시 만나는 재료는 더 큰 기쁨이다. 엄마도 이런 기분으로 준비해주셨던 건 아닐까 하는 생각이 들었다. 그래서 엄마와 함께 만든 매실청과 엄나무 순을 활용한 메뉴를 책에 꼭 넣고 싶었다. 봄의 엄나무 순과 매실청으로 간을 한 밥은 우리 집의 입맛 그대로를 보여준다. 맛과 향이 개성 있고, 계절을 대표하는 메뉴는 단순한 조리일수록 빛이 난다. 동글동글 곱게 빚어 나에게, 혹은 소중한 사람에게 선물하는 기분으로 만들어보기 바란다.

엄나무 순 주먹밥

재료(2인분)

엄나무 순 80g
백미밥 400g

양념

매실청 2T
참기름 1T
소금 1/2t

TIP

- 엄나무 순은 봄에 만날 수 있는 채소로 기분 좋은 향과 쌉쌀함이 특징이다. 개두릅이라고도 하는데, 흔히 아는 두릅보다 여리고 부드럽다. 나물이나 장아찌, 튀김 등에 활용하기 좋다.
- 엄나무 순은 쑥갓, 미나리 같이 향이 독특한 채소나 근대, 케일 등의 쌈채소로 대체해도 좋다.

1. 엄나무 순은 뿌리 부분을 자르고 깨끗하게 손질한다.
   TIP | 엄나무 순의 돌기는 데치고 나면 찔리거나 거슬리지 않아 뾰족한 부분만 정리해도 충분하다.

2. 끓는 물에 10~20초 사이로 엄나무 순을 빠르게 데쳐내고 차가운 물로 식힌다.

3. 키친타월로 엄나무 순의 물기를 최대한 제거한다.

   TIP | 수분을 최대한 제거해야 단단한 주먹밥을 만들 수 있다.

5. 랩을 이용해 엄나무 순과 밥을 꽉 밀착시켜 둥글게 뭉친다.

   TIP | 랩으로 싸면 그냥 손으로 빚는 것보다 밥과 엄나무 순을 더 잘 밀착시킬 수 있다. 도톰한 채소나 재료를 활용하거나 동그랗게 잘 만들 자신이 없는 경우 이 방법을 쓰면 좋다.

4. 고슬고슬하게 지은 밥에 분량의 양념으로 간을 한다.

가지 무 강정

재료(2인분)

가지 120g
무 300g
식용유 적당량
전분 적당량
참깨 조금

양념

물 150㎖
간장 30㎖
설탕 1, 1/2T
건고추 2개
생강 10g

TIP

- 전분을 입혀 튀길 때는 전체적으로 노릇해지지 않고 전분이 적은 부분이나 모서리만 노릇해진다. 색만 보고 너무 오래 튀기지 않도록 주의한다.

1. 가지를 돌려가며 한 입 크기로 자른다.

2. 무는 먹기 좋은 크기로 썬다.

3. 손질한 가지와 무에 전분을 얇고 고르게 묻힌다.

   TIP | 가지의 껍질 부분은 튀김옷이 잘 떨어지니 속 부분 위주로 얇고 고르게 묻힌다.

4. 160℃의 식용유에 노릇하게 두 번 튀겨 내어 식힌다.

5. 팬에 분량의 양념 재료를 모두 넣고 끓여 살짝 졸인다.

6. 식힌 가지와 무튀김을 넣고 전체적으로 양념을 끈적끈적하게 입혀 강정 형태로 완성한다.

   TIP | 참깨를 뿌려 마무리해도 좋다.

A VEGETABLE
LUNCH BOX

미나리 소보로 주먹밥
브로콜리 초무침
연근 구이

(14) 다들 처음부터 연근을 좋아했을까? 나는 연근을 그리 좋아하지도 싫어하지도 않는 편이었다. 엄마는 연근을 쪄서 듬성듬성 썰어 소쿠리에 내어주곤 하셨는데, 연근을 먹으면 입에서 실이 나온다는 이야기로 내 호기심을 자극하셨다. 그 말을 듣고 '어떻게 실이 나온다는 거지?' 궁금해하며 한 입 베어 물고 연근을 주욱 잡아당겼는데 정말 얇은 실이 나오기 시작하는 것이었다. 그게 너무 신기해서 하나둘씩 집어 먹으며 연근을 스스로 먹기 시작했고, 시간이 지나고 보니 좋아하는 식재료가 되어 있었다.

미나리 소보로 주먹밥

재료(2인분)

돼지고기 다짐육 100g
미나리 30g
백미밥 400g
미소 된장 50g
청주 50㎖
설탕 2T

참기름 2T
참깨(간 것) 2t
김밥 김 1/2장
후추 조금

TIP

- 주먹밥 틀을 사용하여 주먹밥을 뭉칠 때는, 틀에 랩을 깔고 밥을 공 모양으로 뭉쳐 넣고 누르면 깔끔하고 편리하게 만들 수 있다.

1. 미나리는 잘게 송송 썬다.

2. 팬에 참기름 1T를 두르고 썰어둔 미나리를 넣어 약불에서 볶다가 미나리가 조금 투명해지면 돼지고기 다짐육을 넣고 중불에서 볶는다.
   TIP | 이때 고기가 뭉치지 않도록 계속 저어가며 볶는다.

3. 돼지고기가 익으면 미소 된장과 청주, 설탕 2T를 넣고 재료들이 서로 잘 섞이도록 저어가며 끓인다.

4. 청주의 알코올이 날아가고 끈적한 소스 형태가 되면 불을 끄고 참기름 1/2T와 후추 조금을 넣어 미나리 소보로를 완성한다.

5. 밥에 참기름 1/2T와 참깨 간 것 2t를 넣고 고루 섞는다.

6. 밥을 둥글게 뭉치고 가운데를 눌러 공간을 만들어 미나리 소보로를 넣은 다음 밥을 조금 더해 동그란 주먹밥 형태로 만든다.

   TIP | 랩을 이용해 말면 더 단단하게 뭉칠 수 있다.

7. 김밥 김을 잘라 주먹밥에 붙여 마무리한다.

   TIP | 김을 좀 더 길게 잘라 두르는 형태로 만들어도 좋다. 김을 붙인 부분이 아래로 향하게 하여 도시락에 담으면 단단함이 더 오래 유지될 수 있다.

브로콜리 초무침

재료(1인분)

브로콜리 100g
물 800㎖
소금 1/2T

양념

식초 1T
설탕 1/2t
간 생강 1/2t

TIP

- 주먹밥과 연근 구이가 고소하고 짭짤한 맛을 담당하기 때문에 브로콜리는 수분감을 살린 초무침이 잘 어울린다. 매콤한 맛을 좋아한다면 청양고추를 송송 썰어 추가해도 좋다.
- 생강 대신 다진 마늘을 넣어도 좋다.
- 물과 소금 분량을 지켜야 알맞은 간으로 데쳐진다.
- 브로콜리를 데친 물에 연근 구이에 쓸 연근을 데쳐도 좋다.

1. 브로콜리는 한 입 크기로 자른다.

2. 끓는 물 800㎖에 소금 1/2T, 브로콜리를 넣어 1분간 데치고 건져내어 식힌다.

3. 볼에 분량의 양념을 넣고 잘 섞은 다음 데친 브로콜리를 넣고 고루 섞는다.

연근 구이

재료(1인분)

연근 80g
올리브오일 2T
소금 1꼬집
후추 조금

TIP

- 연근을 두툼하고 불규칙한 모양으로 구울 때는 한 번 데쳐낸 후 구워야 속까지 고르게 잘 익는다.
- 브로콜리 데친 물을 그대로 사용하지 않는다면 물 800㎖에 소금 1/2T를 넣고 데친다.

1. 연근은 5~6cm 길이로 돌려가며 썬다.

2. 브로콜리를 데친 물에 썰어둔 연근을 넣고 2분간 데친 후 건져내어 식힌다.

3. 팬에 올리브오일을 두르고 건져낸 연근과 소금 한 꼬집을 넣고 중불에서 노릇하게 구워낸 후 후추를 조금 뿌려 마무리한다.

스트레스를 받으며 완벽한 채식주의자가 되지 않아도 괜찮다. 마음만 있다면 얼마든지 채소와 친해질 수 있다. 곁들이는 메뉴를 하나씩 바꾸어가며 조금씩 천천히 식단을 개선해보자. 만들기 쉽고, 구하기 쉬운 재료가 마음까지 편해져 가장 좋다. 의무라고 생각하지 말고 그저 채소를 조금 더 챙겨먹으려는 마음을 가지는 것만으로도 좋은 시작이다. 습관이 되면 스트레스 없이 좋은 재료를 찾아 채소 요리를 할 수 있다. 채소와 친해지려면 이 파트부터 익히는 것도 좋은 방법이다.

고기와 즐기면 더 맛있는 채소 도시락

LUNCH BOX

15. 쑥갓 주먹밥 | 닭 날개 구이
16. 바질페스토에 버무린 감자
    배를 곁들인 불고기 샐러드
17. 아스파라거스를 넣은 돼지고기 룰라드
    배 퀴노아 샐러드
18. 항정살 마 고구마볶음 | 열무 덮밥
19. 닭다리살 곰취 우엉 주먹밥 | 오크라 대파 구이

20. 광어 두릅 주먹밥 | 오이 겨자절임
21. 문어와 매실을 넣은 나물김밥 | 연근튀김
22. 토마토살사와 오리고기 월남쌈
23. 새우를 올린 차가운 토마토수프
24. 구운 금귤을 곁들인 주꾸미 샐러드
25. 그린 올리브소스를 곁들인 소시지와 채소찜

A VEGETABLE
LUNCH BOX

쑥갓 주먹밥
닭 날개 구이

(15) 알레르기가 심해져 고기를 제한하는 시기가 오면 엄마는 단백질 보충의 목적으로 으깬 두부와 함께 여러 가지 제철 나물을 단단하게 뭉쳐 만들어주셨는데, 그중 가장 좋아한 재료가 쑥갓이었다. 그 덕에 카페 메뉴로 종종 두부쑥갓볼을 만들기도 했고, 그렇게 먹고 만들다 보니 더욱더 쑥갓을 좋아하게 되었다. 예전에는 쑥갓이 우동이나 샤브샤브에 올라가 있으면 거부감 없이 맛있게 먹는 정도였다면 지금은 메뉴의 주재료로 찾는 존재가 되었다.

시간이 흐른 뒤 먹는 도시락의 특성상 고기에 지방질이나 수분감이 너무 없으면 뻣뻣해져 맛이 떨어진다. 그런 면에서 닭 날개는 적당한 지방을 품고 있어 시간이 지나고 먹어도 촉촉함이 유지된다는 장점이 있다. 그리고 쑥갓의 향긋함은 혹시 모를 닭고기 특유의 잡내에 민감해지지 않도록 도와준다.

쑥갓 주먹밥

재료(2인분)

쑥갓 150g
백미밥 400g
간장 2t
참기름 2t

참깨(간 것) 1/2t
소금 1/2t

TIP
- 초록색 채소를 데칠 때는 예상보다 더 짧은 시간 동안 데쳐야 아삭한 식감이 산다.

1. 쑥갓은 끓는 물에 5~10초 내외로 빠르게 데쳐낸 후 차가운 물에 담가 식혔다가 물기를 꼭 짠다.

   TIP | 줄기와 잎의 두께 차이가 큰 경우는 두꺼운 줄기부터 2~3초간 먼저 데친다.

2. 물기를 짠 쑥갓을 1cm 길이로 잘게 썬다.

3. 쑥갓에 간장 2t, 참깨 간 것 1/2t를 넣고 무치다 마지막에 참기름 1t를 둘러 버무린다.

4. 밥에 소금 1/2t, 참기름 1t, 양념한 쑥갓을 넣고 고루 섞는다.

5. 랩을 이용해 동그랗고 단단하게 뭉쳐 주먹밥을 완성한다.

닭 날개 구이

재료(2인분)

닭 날개 300g
꽈리고추 20g
미니토마토 1/2개
올리브오일 1T
소금 조금
후추 1꼬집
로즈메리 조금

TIP

- 취향에 따라 닭 날개가 아닌 닭봉, 가슴살, 닭다리를 사용해도 좋다. 채소도 취향에 따라 사용한다.
- 닭 날개는 전날 밤 미리 밑간을 해두면 속까지 간이 배어 더욱 맛있다.

1. 닭 날개의 이물질, 남아 있는 피와 핏줄을 제거하고 한 번 씻은 후 키친타월로 수분을 모두 제거한다.

2. 소금, 후추를 한 꼬집씩 뿌려 밑간을 하고, 올리브오일을 전체적으로 바른 후 로즈메리를 올린다.
3. 밑간한 닭 날개에 종이호일을 덮고 냉장실에서 30분 이상 숙성시킨다.

4. 중불에서 밑간해둔 닭날개를 바삭하게 굽는다. 겉면이 노릇해지면 약불로 줄여 속까지 잘 익힌 뒤 덜어둔다.

   TIP | 밑간할 때 올리브오일이 충분히 들어가서 기름을 두르지 않고 구워도 괜찮다. 기름이 튀지 않도록 뚜껑이나 종이호일을 덮어도 좋다.

5. 같은 팬에 꽈리고추와 반 가른 미니 토마토를 올리고 소금을 살짝 뿌려 중약불에서 굽는다.

6. 구운 채소를 도시락에 담은 후 닭 날개를 올린다.

   TIP | 빈 공간 없이 담아야 도시락이 덜 흐트러진다.

A VEGETABLE
LUNCH BOX

바질페스토에
버무린 감자
배를 곁들인 불고기 샐러드

(16)

재료에 관심을 갖고 요리하면서 생긴 변화가 있다. 샐러드를 먹을 때 과일이 주는 자연스러운 단맛과 신맛, 올리브오일과 후추로 드레싱을 대체하는 것이다. 채소를 좋아하지 않는 사람에게는 괴로울 수 있지만, 채소와 과일 본연의 맛을 즐기며 건강하게 먹고 싶을 때는 너무나 좋은 방법이다. 불고기와 배를 함께 씹을 때, 입 안에 달큰하게 퍼지는 배의 수분감 덕에 따로 드레싱이 필요 없다. 화이트발사믹 식초에 살짝 절인 양파와 그린 채소와도 정말 잘 어울린다.

너무 바빠 건강한 음식을 챙겨 먹는 것에 느슨해질 때, 이렇게 열을 가하거나 과한 양념을 더하지 않은 신선한 샐러드를 추천한다. 여기에 다른 잎채소나 블루베리, 올리브 등 냉장고에 있는 이런저런 재료를 추가한다. 이렇게 하면 딱히 조리를 하지 않아도 충분히 맛있고 속은 더없이 편안해진다.

바질페스토에 버무린 감자

재료(2인분)

감자 150g
소금 1t
올리브오일 2t
크러시드 페퍼 조금

바질페스토

엑스트라버진 올리브오일 50g
파르미지아노 레지아노 30g
바질 20g
잣 15g
마늘 8g
소금 1/3t

TIP

- 바질페스토는 시판용을 사용해도 좋다.
- 감자 대신 푸실리 같은 숏 파스타를 사용해도 좋다.
- 감자는 쫀득한 식감이 돋보이는 조풍 감자를 쓰면 바질페스토와 함께 버무려도 부스러지지 않고 형태가 잘 유지되어 더욱 좋다.

1. 핸드블렌더에 바질페스토 재료를 모두 넣고 곱게 간다.
2. 감자는 끓는 물에 소금 1t를 넣고 15~20분간 삶았다가 건져 식힌다.
3. 감자가 식으면 한 입 크기로 자른다.

4. 볼에 감자와 바질페스토를 넣어 버무린다.
5. 올리브오일 2t와 크러시드 페퍼 조금을 뿌려 마무리한다.

배를 곁들인 불고기 샐러드

재료(2인분)

소고기(불고기용 등심) 150g
배 200g
양파 50g
샐러드용 채소(라디치오, 치커리 등) 100g
올리브오일 조금

불고기 양념

간장 1, 1/2T
물 1T
청주 1T
생강청 1t
설탕 1t
참기름 1/2t
후추 조금

양파 절임 양념

레몬즙 1T
올리브오일 1T
화이트발사믹식초 1, 1/2t
오레가노 1/2t
후추 1꼬집

TIP

- 샐러드용 채소는 비타민, 루콜라, 어린잎, 베이비 시금치 등 취향껏 준비하면 된다.
- 도시락을 쌀 때는 배가 갈변되거나 소고기가 마를 수 있으므로 샐러드 위에 바질페스토에 버무린 감자를 올리는 것이 좋다.
- 불고기 양념에 쓰이는 생강청은 올리고당으로 대체 가능하다.
- 소고기는 불고기용 등심, 우둔, 앞다리, 설도 등 다양한 부위 사용이 가능하다.

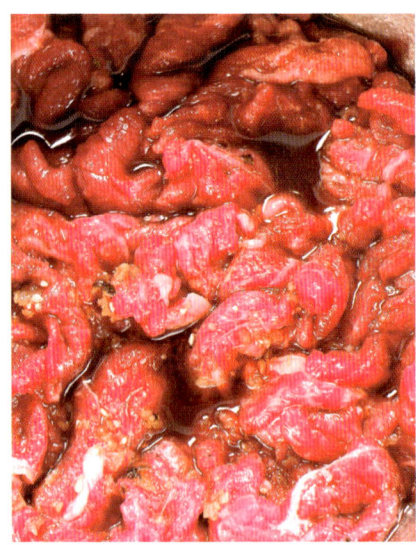

1. 소고기는 키친타월로 핏물을 제거한다.
2. 볼에 분량의 불고기 양념과 소고기를 넣고 버무린 뒤 10분 정도 재워둔다.

3. 양파는 가늘게 채 썰어 분량의 절임 양념과 함께 버무린다.

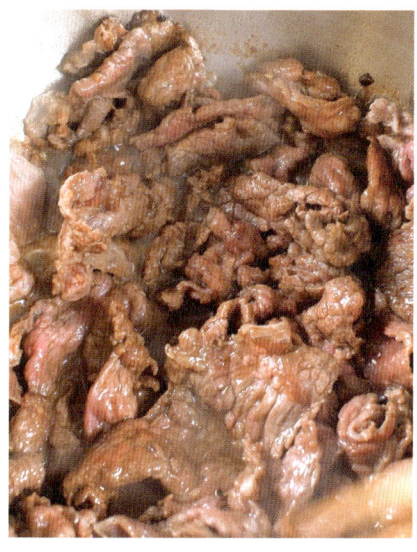 

4. 팬에 올리브오일을 두르고 양념에 재워 둔 소고기를 중불에서 굽는다.

5. 배는 먹기 좋은 크기로 깍둑썰기한다.

6. 도시락에 샐러드용 채소인 치커리와 라디치오를 깔고 절인 양파 - 불고기 - 배 순서로 올린다.

A VEGETABLE
LUNCH BOX

아스파라거스를 넣은
돼지고기 룰라드
배 퀴노아 샐러드

(17) 이 메뉴에서 볶은 양파와 아몬드 가루, 빵가루는 접착제 역할을 하면서 간을 잡아주기 때문에 김밥의 밥 같은 역할을 한다. 그 안에 김밥 속 재료를 채우듯 채소를 넣고 돌돌 말면 되는 것이다. 룰라드는 속을 어떤 재료로 채우느냐에 따라 전혀 다른 요리가 되곤 한다. 채소를 더 다양하고 풍부하게 넣거나 혹은 과일을 넣어도 좋다. 조금 더 크고 두툼하게 만들어 룰라드 속 재료의 단면이 보이게 자르면 손님 접대 요리로도 아주 훌륭하다. 말아둔 고기가 풀어질까 걱정이라면 요리용 실을 활용하거나 겉면에 얇은 삼겹살이나 베이컨으로 한 번 더 말면 안전하게 고정할 수 있다. 다른 고기 요리에 비해 식어도 잡내가 적어 도시락 메뉴로 잘 어울린다.

아스파라거스를 넣은 돼지고기 룰라드

재료(2인분)

돼지고기 등심
(혹은 안심) 150g
양파 180g
아스파라거스 50g
아몬드 3T

빵가루 3T
소금 조금
후추 2꼬집
올리브오일 조금
버터 5g

TIP

- 바질페스토를 곁들여도 잘 어울린다.
- 담백하게 즐기길 원한다면 지방이 거의 없는 등심이나 안심을 사용한다.
- 지방의 고소한 풍미를 더하고 더 단단하게 말고 싶다면 겉면에 얇은 삼겹살이나 베이컨을 한 번 더 감싸는 것도 좋다.
- 취향에 따라 룰라드 속에 치즈나 사과 등을 채워 다양하게 즐겨도 좋다.
- 아스파라거스 크기가 작거나 미니 아스파라거스라면 그대로 사용하고, 볼펜 굵기 이상일 때는 팬에 살짝 볶아서 사용한다.
- 돼지고기를 얇게 저미는 과정에서 찢어지거나 구멍이 나면 고기 조각을 얇게 펼쳐 메우거나, 베이컨으로 말아도 된다.

1. 돼지고기를 6~7cm 길이로 자르고 칼로 얇게 저며 펼친다.
   TIP | 가급적 얇게 저며야 나중에 팬에서 익히기 쉽다.

2. 저민 돼지고기에 사선으로 칼집을 낸 다음 소금과 후추 한 꼬집, 올리브오일 1t로 밑간한다.

3. 아스파라거스는 돼지고기 넓이에 맞춰 자른다.
   TIP | 미니 아스파라거스는 밑손질이 따로 필요 없고, 굵은 아스파라거스는 아래쪽 질긴 부분은 껍질을 벗기고 살짝 볶아 사용한다.

4. 양파는 가늘게 채 썬다.

5. 팬에 버터와 올리브오일 1T를 두르고 양파가 갈색빛이 돌 때까지 캐러멜라이징 한다.

   TIP | 버터는 향을 더하는 역할을 한다.

6. 아몬드는 믹서에 넣어 굵은 입자로 간다.

7. 볼에 볶은 양파, 굵게 간 아몬드, 빵가루 3T, 소금 1/2t, 후추 한 꼬집을 넣고 반죽한다.

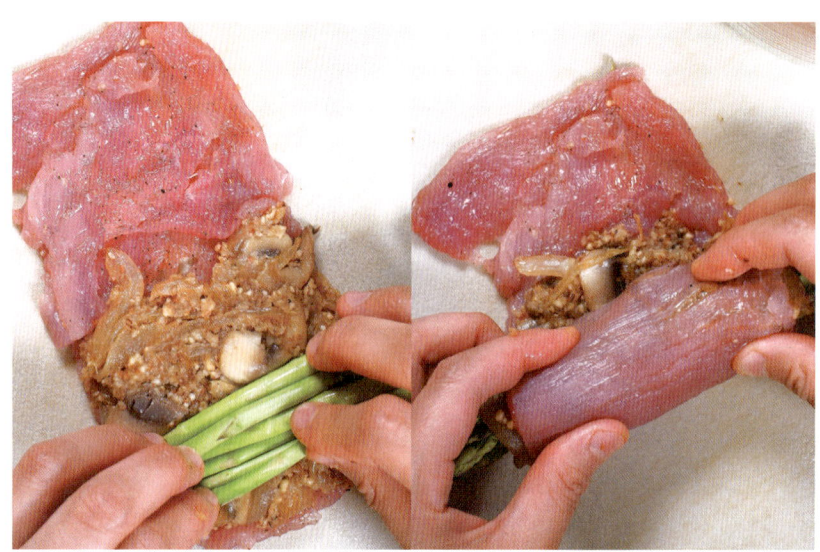

8. 밑간한 돼지고기에 반죽을 올리고, 아스파라거스를 얹어 김밥 말 듯 돌돌 만다.

   TIP | 속 재료가 튀어나오지 않도록 조심하고, 구멍이 난 경우에는 자투리 고기로 틈을 메운다.

9. 팬에 올리브오일을 조금 두른 뒤, 룰라드의 이음새가 바닥에 오도록 올리고 굽는다.

10. 중약불에서 겉을 먼저 전체적으로 노릇하게 구운 다음, 약불에서 천천히 속까지 고루 익힌다.

11. 눈으로 봤을 때 거의 익었다면, 팬 뚜껑을 덮고 속까지 다 익힌 다음 불을 끈다.
    TIP | 팬 뚜껑이 없다면 종이호일을 사용해도 좋다.

12. 불을 끈 후 종이호일로 룰라드를 감싸고 10~20분 정도 그대로 휴지시킨다.
    TIP | 휴지 과정에서 속까지 안전하게 익히고, 육즙을 유지할 수 있다.

13. 잘 식힌 후 먹기 좋은 크기로 자른다.

배 퀴노아 샐러드

재료(2인분)

배 150g
무 80g
양파 60g
퀴노아 50g
물 800㎖
소금 1t

드레싱

엑스트라버진 올리브오일 60㎖
레몬즙 2T
후추 조금

TIP

- 배가 수분이 많은 편이지만 올리브오일로 코팅되면서 생각만큼 많은 수분이 빠져나오진 않는다. 퀴노아가 수분을 흡수하여 더 걱정 없다.
- 이틀가량 냉장 보관 가능하며, 1회분씩 소분하여 보관하면 상할 위험이 적다.

1. 채칼을 이용해 배, 무, 양파를 가늘게 채 썬다.

2. 끓는 물 800㎖에 퀴노아, 소금 1t를 넣고 15분가량 삶는다.

   TIP | 떠오르는 거품은 모두 걷어낸다.

3. 퀴노아가 다 익으면 체에 밭쳐 수분을 뺀다.

4. 볼에 채 썬 배와 무, 양파, 퀴노아를 담고 분량의 드레싱 재료를 넣어 고루 버무린다.

   TIP | 후추는 취향에 따라 넉넉히 뿌린다. 도시락 용기에 루콜라 등의 잎채소를 깔고 샐러드를 올려도 좋다.

A VEGETABLE
LUNCH BOX

항정살 마 고구마볶음
열무 덮밥

(18) 우리 집 요리에서 빼놓을 수 없는 또 다른 재료가 바로 생강이다. 엄마가 꼼꼼하게 손질해 만드신 생강청이 마켓에서 사람들의 호응을 얻은 덕분에 카페까지 차리게 되었다. 그러다 보니 생강을 여러 가지 메뉴에 활용하게 되었고, 매실과 더불어 우리 집의 상징적인 재료가 되었다. 요리를 하면 할수록 생강이 점점 더 좋아진다. 이렇게 좋아진 게 나이가 들어서인지는 모르겠지만 나와는 깊은 애착 관계의 재료이다.

그리고 새콤하고 짭짤한 우메보시는 돼지고기를 먹고 난 후 입안이 개운해지도록 도와준다. 더불어 음식이 상하는 것을 예방해주는 역할도 하기 때문에, 이 열무볶음처럼 간을 약하게 한 경우에 하나씩 곁들이면 조금 안심이 된다.

항정살 마 고구마볶음

재료(2인분)

돼지고기(항정살) 180g
고구마 100g
마 100g
대파(흰 부분) 30g
생강 20g
올리브오일 조금

양념

간장 2T
물 1T
청주 1/2T
설탕 1T

TIP

- 도시락에 활용하는 돼지고기는 너무 기름지지도, 너무 퍽퍽하지도 않은 부위가 시간이 지나도 맛의 변화가 적어 좋다. 항정살, 목살, 볼살같이 기름기가 골고루 퍼져 있는 부위를 추천한다. 취향에 따라, 혹은 바로 먹을 경우 삼겹살, 안심, 다리살 등을 사용해도 좋다.
- 생강이 많을수록 맛이 좋은 메뉴이다. 더 진한 생강 맛을 원할 경우 생강 10g 정도를 추가한다.
- 마는 끈적끈적한 성질 때문에 팬에 눌어붙기 쉽다. 스테인리스 사용이 익숙지 않다면 코팅 팬을 이용하는 편이 좋다.
- 잎채소를 깔고 조림을 담으면 칸막이 역할을 해 깔끔한 도시락이 완성된다.

1. 생강은 채 썰고 대파는 흰 부분 위주로 3~4cm 길이로 썰어 준비한다.

3. 달군 팬에 올리브오일을 두르고 마와 대파를 중약불에서 구운 뒤 덜어둔다.

TIP | 조리는 과정이 있기 때문에 속까지 완벽하게 익히지 않아도 된다.

2. 고구마와 마, 돼지고기는 먹기 좋은 크기로 썬다.

4. 같은 팬에 고구마를 중약불로 익히고, 고구마가 익는 동안 다른 팬에 돼지고기를 겉면이 노릇해질 때까지 굽는다.

   TIP | 책에서는 빠르게 요리하기 위해 다른 팬을 썼지만 같은 팬에 구워도 괜찮다. 고구마의 겉면이 너무 타는 듯하면 물 2~3T를 넣어 굽는다. 단, 기름이 팬에 많이 남아 있을 경우에는 위험할 수 있으니 키친타월로 기름을 제거한 다음 물을 부어 익힌다.

5. 고구마를 굽던 팬에 채 썬 생강과 분량의 양념을 넣고 중불에서 끓인다.

6. 끓인 양념에 구워둔 돼지고기, 고구마, 마, 대파를 넣고 중약불에서 졸여 마무리한다.

열무 덮밥

재료(2인분)

열무 100g
백미밥 400g
마늘 15g
건고추 2개
올리브오일 3T
소금 1/2t
멸치액젓 1t
참깨 1꼬집

TIP

- 열무는 약한 간으로 볶아 시간이 지나면 수분이 흘러나올 수 있으니 밥 위에 올리는 것이 좋다.
- 열무 뿌리는 버리지 말고 오이 절임 등 다른 메뉴에 활용해도 좋다.

1. 열무는 뿌리를 제거하고 1cm 길이로 잘게 썬다.
2. 마늘은 두껍게 편을 썬다.

3. 팬에 올리브오일 3T를 두르고 두껍게 편 썬 마늘과 건고추를 넣어 약불에서 볶는다.

4. 마늘과 건고추 향이 올라오면 열무, 소금 1/2t, 멸치액젓 1t를 넣고 볶는다.

5. 도시락에 밥을 담고 그 위에 열무볶음을 올린 뒤 참깨 한 꼬집을 뿌려 마무리한다.

A VEGETABLE
LUNCH BOX

닭다리살 곰취 우엉 주먹밥
오크라 대파 구이

(19) 대파 구이에 대한 애정은 대학 시절 어느 꼬치집에서 시작되었다. 대체 이게 뭔데 메뉴에 들어 있는지 호기심에 대파 꼬치를 시켜보았는데, 기름 없이 불에 구워 소금만 살짝 뿌린 대파가 나왔다. 한 입 먹어보니 매운맛도 살아 있고 단맛도 쭉 올라와 너무나 맛있었다. 그 전까지는 요리에서 조미료 같은 역할로만 사용하던 재료였는데 그 이후 대파만 한가득 썰어 파스타를 만들어 먹기도 하고, 버섯이나 오크라 같은 재료와 함께 겉만 슬쩍 그을릴 정도로 담백하게 구워내 먹기도 했다. 분명 아직도 제대로 경험하지 못한 일상의 재료들이 있을 텐데, 꾸준히 그런 재료를 하나씩 발견해간다면 즐거운 나날이 될 거라 생각한다. 그래서 오늘도 즐겁게 요리하고 호기심 있게 주변을 둘러본다.

닭다리살 곰취 우엉 주먹밥

재료(1인분)

닭다리살 250g
우엉 100g
곰취(고명용) 15g
곰취(주먹밥 포장용) 4장
백미 180㎖
물 180㎖

마늘 15g
소금 조금
후추 조금
올리브오일 조금
로즈메리 조금
깨소금 조금

TIP

- 밥을 지을 때, 구운 닭다리살에서 나온 기름을 넣으면 더욱 맛이 진해지고 밥에 윤기가 돈다.
- 고기가 들어가 기름기가 조금 있으니 김 대신 곰취나 잎채소로 주먹밥을 감싸는 것도 좋다. 도시락도 흐트러짐 없이 깔끔하고, 먹을 때도 향긋하고 개운한 맛으로 마무리된다.
- 전기밥솥으로 밥을 하는 경우에는 우엉과 구운 닭다리살을 넣고 일반 백미 취사를 선택한다. 밥이 완성되면 한 번 저어준 다음 채 썬 곰취를 넣고 10분 정도 뜸을 들였다 다시 섞는다.

1. 쌀은 흐르는 물에 여러 번 씻은 후 체에 밭쳐 물기를 뺀 상태에서 20분간 불린다.

2. 닭다리살은 1.5~2cm 간격으로 잘게 썰어 소금, 후추, 로즈메리, 올리브오일을 각각 조금씩 넣어 밑간한다.

3. 우엉과 고명용 곰취는 아주 가늘게 채 썰고 쪽파는 송송 썬다. 마늘은 두껍게 편 썬다.

LUNCH BOX

4. 팬에 올리브오일을 두르고 약불에서 편 썬 마늘을 볶아 향을 낸다.

5. 우엉을 넣고 소금 한 꼬집을 뿌린 뒤 볶아 접시에 덜어둔다.

6. 우엉을 볶던 팬에 올리브오일을 더 두른 뒤 중불에서 닭다리살을 노릇하게 구워낸다.

7. 솥에 불린 쌀과 밥물을 넣고 뚜껑을 연 채로 센 불에서 6분간 끓인다. 제일 약한 불로 줄인 후 구운 닭다리살과 우엉, 편 썬 마늘을 올리고 뚜껑을 닫아 13분간 더 끓인다.

8. 불을 끄고 뚜껑을 열어 채 썬 곰취를 넣고 다시 뚜껑을 닫아 15분간 뜸을 들인다.

9. 밥이 완성되면 쪽파와 깨소금을 더해 섞고 주먹밥을 만든다. 곰취 잎으로 감싸 마무리한다.

TIP | 참깨를 뿌려 마무리해도 좋다.

오크라 대파 구이

재료(2인분)

오크라 50g
대파(흰 부분) 60g
올리브오일 조금
소금 1꼬집

TIP

- 새콤한 당근 우엉 절임을 함께 곁들이는 것도 좋다. 다양한 식감과 맛이 도시락의 풍미를 더욱 살려준다.(280쪽 참고)
- 실고추를 조금 올려 장식해도 좋다.

1. 오크라는 사선으로 2등분하고, 대파는 오크라와 비슷한 길이로 자른다.

2. 팬에 올리브오일을 두르고 대파를 앞뒤로 노릇하게 굽다가 오크라를 넣고 소금 한 꼬집을 더해 센 불에 빠르게 볶아낸다.

A VEGETABLE
LUNCH BOX

광어 두릅 주먹밥
오이 겨자절임

(20) 고소하고 담백한 광어 소금구이와 향긋한 두릅을 넣어 솥밥을 짓고 주먹밥을 만들었다. 광어는 무난하고 담백한 흰 살 생선인데, 육류의 섭취를 줄이면서 즐겨 먹게 된 재료이다. 필렛으로 구매해 직접 회를 떠서 여러 채소 절임을 곁들여 먹기도 하고, 소금 간만 살짝 더해 구워 먹기도 하지만 솥밥에 활용하기를 가장 좋아한다. 이때 계절 채소와 은행, 견과류 등 여러 재료를 넣어 만들어 먹는 재미가 제법 크다. 재료가 마땅치 않다면 송송 썬 쪽파나 참나물을 가득 올려 먹어도 충분히 맛있다. 오이 겨자절임 외에도 곁들임으로 찐 연근과 우엉조림을 더했다. 좋아하는 메뉴를 마음껏 조합해보길 추천한다.

광어 두릅 주먹밥

재료(2인분)

광어 살 150g
두릅 90g
삶은 죽순 50g
백미 200㎖
물 200㎖
식용유 조금

소금 1, 1/2t
참기름 1t
참깨(간 것) 1t

TIP

- 주먹밥이 아닌 솥밥으로 먹는다면 광어의 겉면을 더 바싹 구워 넣는다. 주먹밥을 김으로 감싸도 좋다.

1. 쌀은 흐르는 물에 여러 번 씻은 후 체에 밭쳐 물기를 뺀 상태에서 20분간 불린다.

2. 광어 살은 키친타월로 물기를 제거한다.

3. 광어 살에 소금 1/2t를 뿌린 뒤 식용유를 두른 팬에서 중약불로 익히고, 살짝 노릇해지면 약불로 줄여 익힌다.

4. 두릅은 가시를 제거해 손질한 뒤 끓는 물에 빠르게 10초 정도 데쳐서 찬물에 담가 식힌다.

5. 데친 두릅은 꼭 짜서 수분을 제거하고 1cm 간격으로 잘게 다진다.

6. 죽순은 끓는 물에 소금 1t를 넣고 3분 정도 데친 뒤, 잘게 썬다.

7. 솥에 불린 쌀과 밥물을 넣고 뚜껑을 연 채로 센 불에서 8분 끓이다가 제일 약한 불로 줄인 다음 광어 살과 죽순을 올리고 뚜껑을 닫아 13분간 더 끓인다. 불을 끄고 다진 두릅을 넣어 15분간 뜸을 들인다.

   TIP | 전기밥솥으로 밥을 하는 경우에는 죽순과 구운 광어 살을 넣고 일반 백미 취사를 선택한다. 밥이 완성되면 참기름, 참깨 간 것, 채 썬 두릅을 넣고 섞어 주먹밥을 만든다.

8. 뜸이 들면 참기름 1t, 참깨 간 것 1t를 넣고 고르게 섞어 삼각형 모양의 주먹밥을 만든다.

   TIP | 너무 오래 치대면 어묵 반죽처럼 질퍽해질 수 있으니 고슬고슬한 밥의 질감을 살려 살살 섞는다.

오이 겨자절임

재료

미니 오이 230g

절임 양념

설탕 30g
소금 10g
겨자분 5g

TIP

- 씨 부분이 빨리 무르지 않고 보기에도 좋아 미니 오이를 사용했지만 일반 오이를 사용해도 좋다.
- 무, 열무 뿌리, 당근 등 단단한 자투리 채소를 함께 절여도 좋다.

1. 미니 오이는 사선으로 2~3mm 간격의 칼집을 낸다.
   TIP | 일반 오이를 사용하는 경우에는 돌기를 제거하고 칼집을 낸다.

2. 밀폐용기에 미니 오이와 분량의 절임 양념을 넣고 실온에서 3~4시간 이상 숙성한다.
   TIP | 오이가 말캉해지고 소금과 설탕이 절반 이상 녹으면 냉장 보관한다. 전날 만들어두는 게 좋다.

A VEGETABLE
LUNCH BOX

문어와 매실을 넣은
나물김밥
연근튀김

(21) 엄마는 주기적으로 이런저런 음식 재료를 손질해 택배로 보내시는데, 문어는 언제나 빼놓지 않고 보내주신다. 고기를 제한하는 내가 행여 기운이 떨어질까 보약처럼 문어를 챙겨주신다. 엄마 말고 누가 나를 이렇게 챙겨줄까 싶어 택배를 받으면 마지막 한 점까지 살뜰히 챙겨 먹으려 애쓴다. 내가 문어로 가장 자주 만드는 요리는 솥밥과 샐러드이다. 특히 솥밥을 만들 때는 엄마와 함께 여름마다 만드는 매실 절임과 매실청을 넣고, 단골 기름집에서 짜 보내주신 진한 참기름과 간 깨를 넣어 비벼 먹는다.

이 메뉴는 문어와 매실 절임, 우메보시로 양념한 새콤하고 짭짤한 밥에 개성 있는 향의 나물을 넣어 만드는 김밥이다. 여러 재료가 조화롭게 느껴지는 김밥도 좋지만, 나물의 맛과 향이 두드러지는 김밥의 매력도 느껴보기 바란다. 새콤하고 쌉쌀한 김밥에 아삭하고 고소한 연근튀김을 곁들여 도시락의 밸런스를 잡았다.

문어와 매실을 넣은 나물김밥

재료(미니 김밥 9줄)

자숙 문어 150g
백미 230㎖
물 230㎖
매실 절임 60g
머윗대 80g
부지깽이나물 50g
갯방풍 50g
김밥 김 3장
소금 2T
참깨 조금

밥 밑간

우메보시 25g
매실 절임 60g
매실청 1, 1/2T
참기름 1T

TIP

- 매실 절임과 우메보시가 없다면, 매실청만으로 밥의 간을 잡아도 좋다. 이때는 밥 2공기 기준으로 매실청 2T, 참기름 1T, 소금 1/2t를 넣어 고르게 섞으면 된다.
- 부지깽이나물과 갯방풍은 쑥갓, 참나물, 취나물 등의 향이 독특한 나물로 대체해도 좋다.
- 장식용으로 배추꽃 꽃잎을 사용했으나 생략해도 괜찮다.

1. 쌀은 흐르는 물에 여러 번 씻은 후 체에 밭쳐 물기를 뺀 상태에서 20분간 불린다.

2. 자숙 문어는 먹기 좋은 크기로 얇게 저며 썬다.

3. 솥에 불린 쌀과 밥물을 넣고 뚜껑을 연 채로 센 불에서 7~8분 끓이다가 제일 약한 불로 줄인 다음 저며 썬 자숙 문어를 넣고 뚜껑을 닫아 13분간 더 끓인다. 불을 끄고 15분간 뜸을 들인 뒤 고르게 잘 섞어 준비한다.

TIP | 전기밥솥으로 밥을 하는 경우에는 자숙 문어가 질겨지지 않도록 밥이 완성된 후 자숙 문어를 넣고 15분간 뜸 들인다.

4. 머윗대는 김밥 김 1/2장 길이로 잘라 소금 1T를 넣은 끓는 물에 5분간 데친다.

5. 데친 머윗대는 찬물에 식혔다가 얇은 껍질을 벗겨내고 준비한다.

6. 부지깽이나물과 갯방풍은 너무 굵은 줄기는 잘라내고 여린 줄기와 잎 부분만 남겨둔다.

7. 끓는 물에 소금 1T를 넣고 부지깽이나물은 15초, 갯방풍은 30초~1분간 데쳐낸 다음 찬물에 담가 식혔다가 물기를 꼭 짜낸다.

8. 우메보시는 씨를 제거하고 잘게 썬다.

9. 솥밥에 분량의 밑간을 하고 고르게 섞어 준비한다.

10. 김밥 김 1/2장에 밥을 얇게 깔고 머윗대, 부지깽이나물, 갯방풍을 각각 따로 넣어 미니 김밥을 완성하고 반으로 자른 뒤 참깨를 뿌려 마무리한다.

TIP | 각각의 나물을 하나씩 넣어야 향과 식감을 오롯이 즐길 수 있다.

연근튀김

재료(2인분)

연근 70g
달걀 2개
빵가루 80g
밀가루 50g
식용유 적당량

TIP

- 연근튀김은 빵가루를 입혀 도톰하게 튀겨야 바삭함이 살아나 도시락의 식감을 더 다양하게 만든다. 튀김이라 번거롭게 느껴지지만 생각보다 간단해 다채로운 도시락을 꾸릴 수 있다.

1. 연근은 필러로 껍질을 벗기고 7~8mm 두께로 도톰하게 썬다.

2. 달걀은 잘 풀어 달걀물을 만든다. 연근에 밀가루 – 달걀물 – 빵가루 순서로 튀김옷을 입힌다.

3. 160℃의 식용유에 튀김옷을 입힌 연근을 노릇하게 튀긴 뒤, 식힘망 위에 올려 식힌다.

A VEGETABLE
LUNCH BOX

토마토살사와
오리고기 월남쌈

(22) 양파와 청양고추를 잔뜩 넣은 토마토살사는 그 자체로도 충분히 맛있는 찹 샐러드이다. 개인적인 취향은 레시피보다 청양고추를 3~4개쯤 더 넣어 매콤하게 먹는 것이다. 평소에도 빨간 양념의 매운맛보다 청양고추로 끌어올리는 매운맛을 더 좋아한다. 청양고추의 매운맛은 비교적 빨리 진정되고 더 깔끔한 느낌이 들기 때문이다. 단점이 있다면 종종 딸꾹질이 난다는 것인데, 그럼에도 포기할 수 없는 자극이다. 오리고기 월남쌈과 고소하고 짭조름한 땅콩쌈장을 함께 먹으면 궁합이 좋다.

재료(1인분)

훈제 오리고기 150g
토마토 300g
사과 120g
양파 100g
샐러리 70g
파프리카(노란색) 40g
파프리카(빨간색) 40g
참나물 20g
청양고추 1개
라이스페이퍼 6장
깻잎 6장

살사 양념

화이트발사믹식초 2T
엑스트라버진 올리브오일 3T
후추 조금

땅콩쌈장

두유 30g
피넛버터 25g
미소 된장 5g
다진 마늘 1/2t
후추 조금

TIP

- 찹 샐러드 형태의 토마토살사를 넉넉하게 계량했으니 다양하게 활용하면 좋다. 나초 칩에 곁들이거나 토르티야에 싸 먹어도 좋고, 냉 파스타를 해 먹어도 잘 어울린다. 2~3일 냉장 보관 가능하다.
- 여기서는 과육이 단단한 짭짤이 토마토를 사용했다. 혹시 무른 완숙 토마토를 사용한다면 씨 부분은 제거하고 사용하기를 추천한다.
- 땅콩쌈장에 들어가는 두유는 물로 대체해도 괜찮다.
- 라이스페이퍼는 시간이 지나면 서로 달라붙으니 깻잎 등의 잎채소로 감싸서 담는다.
- 훈제 오리고기 대신 생 오리고기를 사용할 때는 소금과 후추로 간을 해 굽는다.
- 토마토살사 외에 좋아하는 생채소를 곁들여 월남쌈을 만들어도 좋다.
- 미소 된장은 일반 된장으로 대체 가능하지만 염도에 따라 간을 조절해야 한다.

1. 참나물은 줄기 부분까지 잘게 썬다.

2. 청양고추는 잘게 다진다.
   TIP | 씨를 제거하지 않아도 괜찮다.

3. 토마토, 사과, 양파, 샐러리, 파프리카는 비슷한 크기로 잘게 깍둑썬다.

4. 볼에 잘게 썬 재료와 분량의 살사 양념을 넣고 고루 섞어 토마토살사를 완성한다.

5. 마른 팬에 훈제 오리고기를 굽는다.

6. 분량의 재료를 모두 섞어 땅콩쌈장을 만든다.

7. 라이스페이퍼를 미지근한 물에 적셔 부드럽게 만든 다음 훈제 오리고기와 토마토살사를 올리고 돌돌 만다.

8. 돌돌 만 월남쌈을 깻잎으로 감싼다.

9. 볼에 분량의 땅콩쌈장 재료를 넣고 고루 섞는다.
10. 도시락에 깻잎으로 감싼 오리고기 월남쌈을 담고 땅콩쌈장은 따로 챙긴다.

A VEGETABLE
LUNCH BOX

새우를 올린
차가운 토마토수프

(23) 우리 카페 음식을 아주 좋아해주는 손님이 계셨다. 낯도 가리고 손님에게 다가가기가 조심스러운 나에게 늘 웃는 모습으로 먼저 다가와 맛있다고 인사를 전해주던 분이었다. 항상 메뉴를 처음 내면 긴장이 되곤 하는데, 그 손님의 동그란 눈이 더 동그랗게 커지며 맛있다고 하실 때는 걱정했던 마음이 마법처럼 스르륵 풀리는 듯했다. 차가운 토마토수프를 처음 선보인 그날도 그분의 눈이 동그랗게 커졌다. 지금도 종종 연락을 주고받는데, 다시 만나면 서로 좋아하던 여러 음식을 준비해 친구처럼 편하게 이런저런 이야기를 나누고 싶다.

재료(4인분)

토마토 350g

파프리카 80g

오이 80g

양파 40g

청양고추 5g

식빵(속 부분) 30g

수프 양념

엑스트라버진 올리브오일 30㎖

화이트와인식초 3T

마늘 5g

커민 1/2t

소금 1/3t

가니시 재료

칵테일 새우 100g

토마토 25g

양파 20g

청주 2T

엑스트라버진 올리브오일 1t

딜 조금

가니시 양념

엑스트라버진 올리브오일 1t

화이트발사믹식초 1/2t

레몬즙 1t

후추 조금

TIP

- 커민을 첨가하면 향긋해지면서 매콤함이 더해지고, 새우의 비린내도 잡아준다.
- 바질페스토가 있다면 수프에 살짝 올려보자. 매콤하고 새콤한 맛 사이로 고소함이 퍼져 더욱 다채롭게 즐길 수 있다.
- 맑고 가벼운 수프를 원한다면 식빵의 양을 줄이고, 걸쭉하게 만들어 채소 스틱과 곁들여 먹고 싶다면 식빵의 양을 늘린다. 2일 정도 냉장 보관이 가능하다.

1. 토마토, 파프리카, 오이, 양파, 청양고추는 적당한 크기로 썰어 준비한다.

2. 믹서에 썰어둔 토마토, 파프리카, 오이, 양파, 청양고추, 식빵과 함께 분량의 수프 양념을 넣고 곱게 간다.
   TIP | 식빵은 손으로 찢어 넣는다.

3. 밀폐용기에 담아 냉장 보관한다.

4. 가니시용 칵테일 새우는 끓는 물에 청주 2T를 넣고 데친다.
   TIP | 생새우라면 머리와 내장을 제거한 후 데쳐서 껍질을 깐다.

5. 가니시용 토마토와 양파를 잘게 썬다.

6. 볼에 잘게 썬 토마토, 양파와 분량의 가니시 양념을 넣고 버무린다.

7. 도시락에 수프를 담고 데친 새우와 가니시 양념으로 버무린 토마토, 양파를 올린 뒤 올리브오일 1t를 뿌리고 딜을 올려 마무리한다.

A VEGETABLE
LUNCH BOX

구운 금귤을 곁들인
주꾸미 샐러드

(24) 만감류는 드레싱을 무력하게 만드는 최강의 샐러드 재료이다. 해산물과 특히 잘 어울리는데 단맛과 신맛에 특유의 향까지 머금고 있어 비린내를 잡는 데 아주 효과적이다. 금귤의 씨를 빼내는 과정은 조금 귀찮지만, 그런 수고로움이 하나도 아깝지 않다. 드레싱이 없는 레시피가 성의 없어 보일까 조심스럽지만 이 조합을 꼭 추천하고 싶었다. 중간중간 보이는 청포도나 블루베리도 한몫하지만 무엇보다도 한 면을 구운, 충분한 양의 금귤이 주는 새콤달콤함은 다른 드레싱이 필요 없을 정도로 매력적이다.

재료(1인분)

주꾸미 200g
금귤 130g
미니 오이 45g
브로콜리니 30g
루콜라 20g
청포도 조금
블루베리 조금
밀가루(세척용) 적당량
청주 2T
소금 1T
엑스트라버진 올리브오일 1T
후추 조금

TIP

- 금귤의 새콤달콤함이 드레싱을 대신하는 샐러드이다. 금귤 철이 아니라면 오렌지, 귤 등의 만감류로 대체해도 충분하다.
- 미니 오이 대신 일반 오이를 사용해도 좋다.
- 호밀빵이나 주먹밥을 곁들이면 더욱 든든한 도시락 메뉴가 된다.
- 책에서는 와일드 루콜라를 사용해 자를 필요가 없었지만 잎이 크고 줄기가 굵은 루콜라를 사용한다면 한 입 크기로 잘라서 사용한다.
- 장식용으로 루콜라 꽃을 사용했으나 생략해도 충분하다.

1. 주꾸미는 머리 부분을 뒤집어 내장과 알을 떼어내고, 밀가루로 문질러 빨판의 이물질을 제거한 뒤 흐르는 물에 깨끗하게 씻는다.

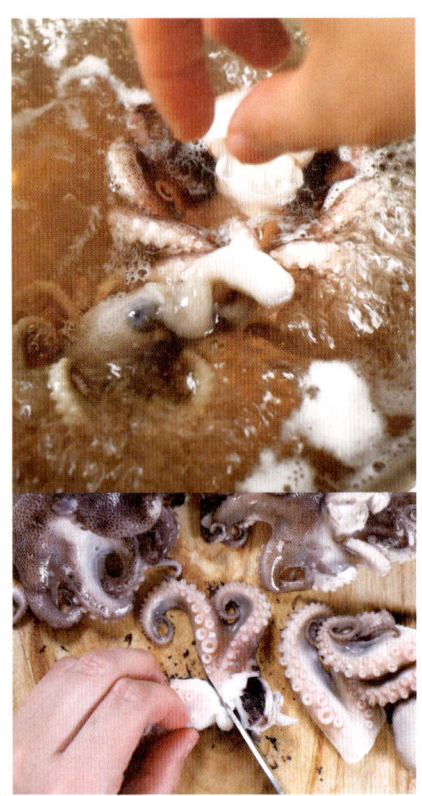

2. 끓는 물에 청주 2T를 넣고 주꾸미를 데친 다음 한 입 크기로 썬다.

3. 금귤은 반으로 갈라 씨를 빼내고 마른 팬에 자른 단면을 노릇하게 굽는다.

4. 미니 오이를 필러로 얇게 썬다.

5. 청포도, 블루베리를 반으로 자른다.

6. 브로콜리니는 소금 1T를 넣은 물에 빠르게 10초 정도 데친다.

7. 도시락에 준비한 재료를 번갈아가며 고르게 담는다. 먹기 직전에 올리브오일 1T와 후추를 조금 뿌린다.

A VEGETABLE
LUNCH BOX

그린 올리브소스를 곁들인
소시지와 채소찜

(25) 사실 올리브는 좋아하지 않던 재료였다. 엄밀히 말하면 너무 짜고 이상한 향이 첨가된 올리브를 별로 좋아하지 않는데, 아주 옛날 처음 먹었던 올리브 병조림이 너무 짰던 탓에 거부감이 심했다. 옛날에는 수입되던 올리브의 종류도 적었고 나는 부산과 진주에서 어린 시절을 보냈기 때문에 그런 식자재를 접할 기회는 더욱 적었다. 그러다 우연히 씨가 들어 있고 과실의 모양을 유지한 통통한 올리브를 맛보게 되었는데 과육을 씹는 순간 '아, 이래서 올리브오일이 고소하구나'라는 생각이 들었다. 그때부터 '극도의 짠맛'이 아닌 '맛있는' 올리브를 좋아하게 되었고, 냉장고에 항상 채워두는 식재료가 되었다. 짭조름한 올리브소스를 담백한 채소찜과 소시지에 조금씩 얹어 먹는 이 메뉴로, 많은 사람들이 올리브를 즐기게 되길 바란다.

재료(1인분)

프랑크소시지 120g

브로콜리 200g

양배추 120g

고구마 70g

콜리플라워 70g

연근 60g

미니 당근 30g

버터 5g

그린 올리브소스

엑스트라버진 올리브오일 100㎖

그린 올리브 50g

마늘 10g

청양고추 1개

홍고추 1개

후추 조금

TIP

- 채소는 마, 우엉, 고구마, 브로콜리 등 자유롭게 준비하면 된다. 단, 소스에 찍어 먹는 채소찜은 가급적 시간이 지나도 수분이 많이 나오지 않는 단단한 채소로 준비하는 것이 좋다.
- 양배추를 통으로 구우면 굽기도 편하고 도시락에도 깔끔하게 담기 좋다. 노릇하게 구웠기 때문에 먹을 때는 잎이 잘 떨어진다.
- 새콤함을 주는 금귤 같은 과일이나 루콜라 등의 잎채소를 조금 곁들여도 좋다.
- 올리브는 제품마다 염도 차이가 있을 수 있다. 먼저 올리브를 2/3정도 넣어 맛을 본 다음 조금씩 첨가하며 입맛에 딱 맞는 소스를 만든다.
- 소시지는 고기 함량이 높고 합성첨가물이 없거나 되도록 적은 것으로 사용하는 것이 좋다. 책에서 사용한 것은 브라트부어스트 소시지이다.
- 식용 배추꽃 꽃잎으로 장식했지만 생략해도 충분하다.

1. 그린 올리브소스 재료는 전부 잘게 다지고 고루 섞어 준비한다.

2. 고구마, 콜리플라워, 브로콜리는 큼직하게 썰어 준비한다. 연근은 껍질을 벗기고 도톰하게 썬다.
3. 미니 당근은 뿌리를 제거해 준비한다.

4. 익히는 시간이 오래 걸리는 고구마와 연근을 먼저 찜기에 찐다.

5. 고구마가 어느 정도 익어 노란 빛이 진해지면 콜리플라워와 브로콜리, 미니 당근을 넣고 2~3분 정도 더 찐 다음 꺼내어 식힌다.

6. 소시지는 사선으로 칼집을 내고 끓는 물에 칼집이 벌어질 때까지 데친다.

7. 양배추는 심 부분을 제거하지 않고 덩어리째 잘라 버터를 녹인 팬에 노릇하게 굽는다.

   TIP | 속까지 부드럽게 익히길 원하는 경우에는 제일 약한 불에서 1분 정도 종이호일을 덮어 굽고, 불을 끈 후에도 2~3분가량 그대로 두어 여열로 완전히 익힌다.

8. 도시락에 식힌 채소찜과 구운 양배추, 데친 소시지를 담고, 그린 올리브소스를 따로 챙겨 찍어 먹는다.

지속 가능한 채소 생활을 위해 우리에게 가장 필요한 것은 간편하고 손쉽게 만들 수 있는 레시피이다. 아무리 근사하고 맛있는 레시피여도 시작하기가 부담되고 만들기 힘들다면 결국에는 포기하게 되기 때문이다. 간편한 한 그릇 메뉴로 채소를 간단하고 풍성하게 즐겨보자.

간편한 한 그릇 채소 도시락

LUNCH BOX

26. 채소 지라시 덮밥

27. 가쓰오부시를 올린 두부 참나물 덮밥

28. 오크라 절임과 낫토 | 채소 버터구이 덮밥

29. 튀긴 두부와 마를 올린 채소 덮밥

30. 주키니 유부말이밥

31. 생고사리 무김밥

32. 박고지 두릅김밥

33. 구운 두부를 넣은 풋마늘김밥

34. 고구마 후무스 샌드위치

35. 당근 우엉 절임을 넣은 버섯 샌드위치

36. 캐슈미소소스를 바른 단호박 샌드위치

37. 양배추 절임을 넣은 감자 크로켓 샌드위치

38. 가지 퀴노아 무스를 바른 사과 샌드위치

A VEGETABLE
LUNCH BOX

채소 지라시 덮밥

(26) 요리를 하고 나면 애매하게 남는 자투리 재료들이 생긴다. 특히 좋아하는 채소나 재료일수록 마지막까지 알뜰하게 먹고 싶어지는데, 그럴 때 정말 좋은 것이 지라시 덮밥이다. 자극 없이 속 편안하게 혹은 더운 날 깔끔하게 먹고 싶을 땐 새콤한 매실청을 넣은 지라시 덮밥을 만들어보자. 사실 재료는 어떤 것이 올라가도 상관없다. 자투리까지 남김없이 맛있게 먹고 싶어졌다면 분명 내가 좋아하는 재료들일 테니 말이다. 여러 재료를 일정한 사이즈로 잘라 얇고 넓게 깐 밥 위에 그림을 그리거나 수를 놓듯 알록달록 올려 먹으면 눈과 입이 즐거워진다. 케이크를 장식한다는 느낌으로 재료들을 작게 잘라 여기저기 배치하는 재미도 꽤 좋다.

재료(2인분)

참송이버섯 50g
백미밥 400g
삶은 죽순 50g
머윗대 50g
브로콜리 40g
아스파라거스 40g
양파 20g
미나리 잎 조금
유부조림 1장
우메보시 1개
오이 겨자절임 1, 1/2개
올리브오일 조금
소금 조금

버섯조림 양념

물 200㎖
간장 2T
설탕 1T

달걀 소보로

달걀 4개
멸치육수 2T
설탕 3t
소금 1/2t

밥 밑간

매실청 2T
참기름 1T
소금 1/3t

TIP

- 달걀 소보로와 생 양파는 필수 재료이다. 특히 양파는 여러 가지 맛이 어우러지고 단맛이 많이 들어가는 이 메뉴에서 맛의 중심을 잡아주는 큰 역할을 한다.
- 오이 겨자절임 레시피는 131쪽을 참고한다. 오이 겨자절임 대신 생오이를 사용해도 괜찮고, 오이를 얇게 저며 썰어 소금에 절였다가 꽉 짜낸 후 사용해도 잘 어울린다.
- 달걀 소보로에 넣을 멸치육수가 없다면 물로 대체해도 괜찮다.
- 유부조림은 시판용 유부초밥의 유부를 사용해도 좋고 250쪽을 참고하여 직접 만들어도 좋다.
- 채소를 데칠 때는 원하는 상태보다 살짝 덜 익었을 때 꺼내는 것이 좋다. 특히 잎채소의 경우는 더더욱 빠르게 건져야 무르지 않고 식감과 맛이 산다.
- 장식용 배추꽃 꽃잎을 사용했지만 생략해도 충분하다.
- 머윗대 같은 계절 재료는 생략해도 좋다.

1. 참송이버섯의 버섯갓 부분은 두툼하게 자르고, 버섯대는 손으로 찢은 뒤 분량의 버섯조림 양념을 넣고 졸인다.

2. 머윗대는 끓는 물에 3~5분 데쳐낸 후 차가운 물에 식혀 껍질을 벗긴다.

3. 브로콜리는 꽃대가 있는 곳을 중심으로 3~4cm 길이로 자른다.

4. 아스파라거스는 아래의 단단한 껍질 부분을 필러로 제거하고 3~4cm 길이로 자른다.

5. 오이 겨자절임은 걸면에 묻은 양념을 씻어내고 키친타월로 수분을 잘 제거한 다음 먹기 좋은 크기로 자른다.

6. 끓는 물에 소금 1t와 죽순을 넣고 1~2분간 데친다.

7. 양파는 가늘게 채 썰고 죽순, 머윗대는 먹기 좋은 크기로 썬다.

LUNCH BOX

8. 유부조림과 씨를 제거한 우메보시는 잘게 썬다.

9. 미나리의 줄기는 제거하고 잎만 떼어내 준비한다.

10. 끓는 물에 소금 1T를 넣고 아스파라거스와 브로콜리니를 10초가량 데친다.

    TIP | 지름 1cm 이상의 굵은 아스파라거스는 1분가량 데치고 새끼손가락 보다 가는 미니 아스파라거스는 10초 내외로 데친다.

11. 볼에 분량의 달걀 소보로 재료를 모두 넣고 잘 푼 다음, 올리브오일을 살짝 두른 팬에 붓고 계속 저어가며 약불에서 익혀 부드러운 소보로 형태를 만든다.

    TIP | 두 벌의 젓가락을 한 손에 쥐고 계속 섞으면 색도 곱고 부드러우며 보슬보슬한 달걀 소보로가 완성된다.

12. 볼에 밥과 분량의 밑간 양념을 잘 섞어 간이 고르게 배도록 한다.

13. 도시락에 밥을 넓게 펼치듯 깔고 그 위에 달걀 소보로, 참송이버섯, 채소를 자유롭게 배열한 다음, 양파와 미나리 잎, 잘게 다진 유부조림과 우메보시 등을 올린다.

A VEGETABLE
LUNCH BOX

가쓰오부시를 올린
두부 참나물 덮밥

(27) 개인적으로 한국의 파슬리, 고수라고 생각하는 것이 바로 참나물이다. 비빔밥에도 국에도, 샐러드나 커리에도 잘게 채 썰어 올려 먹길 좋아하는데 여러 허브를 갖추어놓기 힘들다면 참나물 한 가지만 있어도 좋다. 그만큼 어디에나 어울리는 재료라는 생각이 든다. 나물로도 좋지만 생으로 먹는 참나물은 향과 더불어 줄기의 식감까지 버릴 것 하나 없는 재료이다. 잘 세척해 물기를 제거하고 키친타월로 잘 감싸 보관하면 잎이 빨리 무르지도 않고 냉장고에서 며칠은 거뜬히 생생하다. 저렴한 가격에 비해 맛도 향도 너무나 훌륭한 채소이다.

재료(2인분)

두부 1모
백미밥 350g
참나물 30g
가쓰오부시 1/2줌
쪽파 5g
참기름 조금

두부 양념

소금 1t
참기름 1t
간장 1/2t
참깨(간 것) 1t

TIP

- 가쓰오부시를 생략한다면 두부 양념의 간장을 1t로 늘린다.
- 밥의 양을 줄이고 두부를 넉넉히 넣으면 든든하면서도 부담 없는 만찬이 된다. 양념한 두부에 참나물을 잘게 다져 넣고 둥글게 빚으면 밥반찬으로도 좋다.
- 취향에 따라 송송 썬 청양고추를 곁들여도 좋다.
- 가쓰오부시는 마른 팬에 약불로 살짝 볶으면 맛이 더 좋아진다.

1. 두부는 끓는 물에 한 번 데치고 수분을 뺀다.

2. 볼에 수분을 뺀 두부와 분량의 두부 양념을 넣고 곱게 치댄다.

3. 참나물은 잎 부분만 잘게 썰고 쪽파는 송송 썬다.

5. 가쓰오부시를 올리고 송송 썬 쪽파를 뿌려 마무리한다.

4. 도시락에 밥을 담고 두부를 얹은 뒤 잘게 자른 참나물을 가득 올리고 참기름을 살짝 두른다.

A VEGETABLE
LUNCH BOX

오크라 절임과 낫또
채소 버터구이 덮밥

(28) 일본에서 오크라를 처음 먹고는 당황했던 기억이 있다. 당연히 고추라고 생각하고 씹었는데 미끌미끌하고 오동통한 씨 같은 것이 씹히면서 맛도 밍밍했다. 처음 접했던 맛과 식감이라 일본 고추는 이런 맛인가 보다 생각하고 넘어갔다. 그 뒤로도 종종 생각났지만 일본 여행이나 일식당에서가 아니면 딱히 접할 기회가 없었다. 그러다 국내에서도 여름이면 오크라를 재배해 생으로 판매하기도 한다는 것을 알게 되었다. 그 농장을 알고 나서 어찌나 반가웠는지 모른다. 오크라 메뉴를 만들어 판매할 수 있다는 것도 좋았지만, 국내에서 재배한 오동통하고 싱싱한 오크라를 만날 수 있다는 것이 더욱 반가웠다. 끈적끈적하고 미끌미끌한 이 채소는, 별것 아닌 것 같으면서도 여름을 반기는 이유 중 하나가 되었다. 냉동이나 수입으로 사계절 내내 먹을 수도 있지만, 여름을 기다렸다가 먹는 그 반가움과 즐거움도 꽤 좋다.

재료(2인분)

오크라 80g
낫토 45g
백미밥 400g
양파 50g
청양고추 2개
홍고추 1/2개
미니 당근 30g
브로콜리니 25g
방울토마토 30g
방울 양배추 15g
버터 5g
소금 적당량

절임 양념

물 300㎖
멸치육수 200㎖
간장 60㎖
설탕 2T
건고추 2개
가쓰오부시 1줌

TIP

- 낫토는 먹기 직전에 밥 위에 올려 비벼 먹어도 좋고, 오크라 절임과 함께 담아도 좋다.
- 구이용 채소는 단단한 종류로 취향껏 다양하게 준비한다.

1. 냄비에 가쓰오부시를 제외한 분량의 절임 양념 재료를 넣고 센 불에서 15분가량 끓인다.

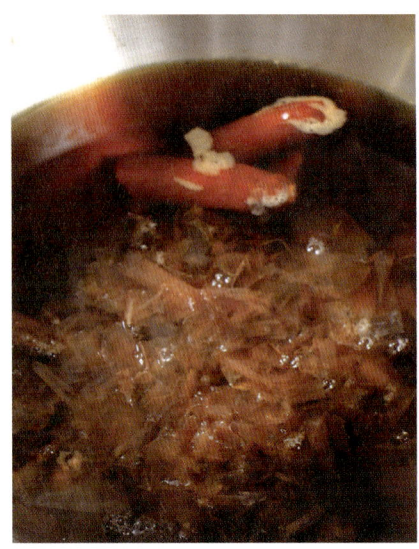

2. 절임 양념이 다 끓으면 불을 끄고 가쓰오부시를 넣은 뒤 5분가량 그대로 둔다. 향이 충분히 우러나면 체로 건더기를 걸러내고 국물만 남겨 식힌다.

3. 오크라는 꼭지를 자르고 돌려 깎는다.

   TIP | 뾰족한 가시 같은 부분이 있어 자칫 손을 다칠 수 있으니 조심한다. 겉면의 솜털 같은 부분이 억세다면 칼등으로 살짝 밀어내어 준비한다.

4. 끓는 물에 소금 1t를 넣고 오크라를 10~20초가량 빠르게 데친다.

5. 데친 오크라를 5mm 길이로 잘게 썬다.

7. 손질한 재료를 밀폐용기에 담고 절임 양념을 부어 냉장실에서 3시간 이상 숙성한다.

6. 양파도 오크라와 같은 크기로 잘게 썰고, 청양고추와 홍고추는 더 작게 다진다.

8. 미니 당근, 브로콜리니, 방울토마토, 방울 양배추는 먹기 좋은 크기로 썬다.

9. 팬에 버터를 두르고 손질한 채소에 소금 한 꼬집을 뿌려 중불에서 노릇하게 굽는다.

10. 도시락에 밥과 구운 채소를 담고, 낫토는 잘 섞어 오크라 절임에 넣은 뒤 따로 준비한다.
    TIP │ 파슬리나 세발나물을 올려도 좋다.

A VEGETABLE
LUNCH BOX

튀긴 두부와 마를 올린
채소 덮밥

(29) 오크라, 낫토에 이어 끈적한 뮤신을 대표하는 재료가 마다. 나는 어릴 때부터 생마를 아주 좋아했다. 이것도 부모님의 영향이었는데, 출출한 시간이 되면 야식으로 참기름 소금장에 생마를 찍어 드시거나 김에 싸서 혹은 간 마에 간장을 넣어 호로록 드셨다. 나도 그 옆에서 하나둘씩 집어 먹다 보니 자연스럽게 좋아하게 되었다. 항상 생으로만 먹던 마를 어느 날 튀겨 먹어보았는데, 차갑고 도도한 느낌이었던 재료가 이렇게 순박해질 수 있나 싶을 정도로 고소해져서 그 뒤부터는 굽거나 튀겨 먹는 것도 즐기게 되었다.

그리고 겉면을 바삭하게 튀긴 두부는 그냥 먹어도 자꾸 손이 가는 음식이다. 간장 양념을 더해 여러 채소와 밥을 비벼 먹으면 영양도 고르게 챙길 수 있고 마와도 잘 어울린다.

재료(2인분)

두부 1/2모
마 100g
백미밥 400g
돌나물 20g
오크라 1개
양송이버섯 2개
만가닥버섯 30g
브로콜리니 25g
쪽파 5g
밀가루 30g
식용유 적당량
올리브오일 조금
소금 조금
참깨 조금

간장 양념

물 60㎖
간장 30㎖
청주 10㎖
양파(간 것) 40g
설탕 20g
참기름 1T
참깨(간 것) 1T

TIP

- 오이 배추 절임을 함께 곁들여도 좋다. (137쪽 참고)
- 채소 구이에 쓰이는 채소는 취향에 따라 자유롭게 준비한다.

1. 분량의 간장 양념 재료를 모두 섞고 냉장 보관하여 숙성해둔다.
   TIP | 간 양파가 숙성되어야 맛이 줄기 때문에 전날 미리 만들어두는 것이 좋다.
2. 마와 두부는 먹기 좋은 크기로 썰고 두부는 키친타월로 수분을 제거한다.

3. 돌나물은 먹기 좋은 크기로 다듬고 물에 담갔다가 건져 키친타월로 수분을 제거해둔다.

4. 오크라, 양송이버섯, 브로콜리니를 먹기 좋은 크기로 썰고 쪽파는 송송 썬다.

5. 만가닥버섯은 밑동을 자르고 한 가닥씩 뜯는다.

6. 마에 밀가루를 얇게 묻힌다.
   TIP | 두부는 밀가루 없이 튀긴다.

7. 160℃의 식용유에 두부와 마를 두 번씩 튀겨낸다.
   TIP | 마 표면의 밀가루 때문에 기름이 탁해 질 수 있으니 두부를 먼저 튀긴다.

8. 튀김이 노릇해지면 건져내 소금을 살짝 뿌리고 식힌다.

9. 팬에 올리브오일을 두르고 오크라, 양송이버섯, 만가닥버섯, 브로콜리니에 소금 한 꼬집을 뿌려 중불에서 노릇하게 구워낸다.

10. 밥 위에 돌나물과 구운 채소, 튀긴 두부와 마를 올리고 송송 썬 쪽파와 참깨를 뿌린다. 간장 양념은 따로 챙겨 먹기 직전에 뿌려 먹는다.

   TIP | 실고추와 래디시로 장식해도 좋다.

A VEGETABLE
LUNCH BOX

주키니 유부말이밥

30

유부초밥도 우리 가족을 대표하는 메뉴이다. 엄마는 소풍날에도 김밥 대신 항상 유부초밥을 만들어주곤 하셨다. 달달하고 짭조름하게 졸인 유부에 당근, 소고기, 우엉을 볶아 고소한 소를 만들어 채워주셨다. 소풍 때 친구들과 유부초밥을 나눠 먹고 나면 늘 배가 고팠지만 친구들이 엄마의 유부초밥을 좋아하는 모습이 너무 뿌듯해서 그 순간을 즐기기도 했다. 이러한 어린 시절의 추억을 담아 유부와 잘 어울리면서도 채소의 맛을 오롯이 느낄 수 있는 메뉴를 만들었다. 참외가 제철이라면 호박과 함께 절여 자연스러운 단맛을 끌어올려도 좋다.

재료(유부말이 16개)

주키니호박 160g
백미밥 300g
유부 8장
고추냉이 2t
소금 1, 1/2t

유부조림 양념

물 500㎖
멸치육수 500㎖
간장 100㎖
설탕 50g

밥 밑간

다진 쪽파 1T
매실청 1T
참기름 1/2t
식초 1/2t
소금 1/3t

TIP

- 밥은 조금 적다 싶은 양을 쥐어 만드는 것이 좋다. 주머니에 채우는 형태의 유부초밥과 달리, 밥이 흐트러지지 않도록 손으로 꽉 쥐어 모양을 잡은 다음 유부에 넣고 마는 형태이다. 세게 고정해주지는 못하기에 유부를 말고 난 끝부분이 바닥에 닿도록 한다. 도시락을 쌀 때도 유부말이가 서로 밀착되도록 통에 꽉 차게 담는다. 이렇게 넣어두면 시간이 지나면서 모양이 고정되어 쉽게 흐트러지지 않는다.
- 늦봄과 초여름 중간에 만나는 완두콩을 곁들였지만 생략 가능하다.
- 주키니호박 대신 참외, 오이, 노란 주키니호박을 활용해도 좋다. 애호박은 수분이 많고 풋내가 날 수 있어 추천하지 않는다.

1. 유부는 끓는 물에 데친다.
2. 데친 유부는 분량의 유부조림 양념과 함께 표면이 고르게 간장 색이 돌 때까지 중약불에서 충분히 졸인다.

   TIP | 너무 센 불로 끓이면 유부가 찢어질 수 있으니 약불에 가까운 중불에서 은근히 졸인다.

3. 충분히 졸인 유부는 건져 식힌 다음 손으로 살짝 양념을 짜낸다.

4. 유부의 겉면을 토치로 살짝 그을린다.
TIP | 토치로 구우면 불맛도 나고 식감이 좋다. 토치가 없다면 팬에 살짝 굽거나 생략해도 된다.

5. 주키니호박은 필러로 얇고 길게 채 썰어 소금 1t를 뿌리고 버무려 절인다.

6. 주키니호박이 충분히 절여지면 물을 버리고 손으로 남은 물기를 짜낸 다음, 소금 1/2t, 고추냉이 2t를 넣고 고르게 버무린다.

7. 볼에 밥과 분량의 밥 밑간을 넣고 잘 섞어준다.

9. 밥과 절인 주키니호박을 작고 길쭉한 모양으로 꽉 뭉친 다음 유부로 만다.

   TIP | 이때 밥은 조금만 쥐고 밥과 주키니호박이 하나의 덩어리가 되도록 잡아 마무리한다.

8. 유부는 반으로 자른다.

LUNCH BOX

A VEGETABLE
LUNCH BOX

생고사리 무김밥

(31) 내가 서울로 대학을 가자 엄마는 주기적으로 반찬 택배를 가득 보내주시곤 했다. 나물 반찬을 좋아하는 나에게 엄마가 항상 빠뜨리지 않고 보내주시는 것이 바로 고사리와 도라지나물이었다. 특히 고사리는 들깻가루를 넣고 슴슴하게 만들어 보내주셔서 샐러드처럼 듬뿍 집어 먹기도 하고 김밥을 만들어 먹거나 밥과 함께 고사리죽을 끓여 먹기도 했다.

엄마는 채소도 잘 키우고 나물을 캐는 일도 좋아하신다. 특히 봄에 고사리 대가 쑥쑥 올라와 있는 것을 꺾으면 시간 가는 줄 모르고 재밌다고 하셨다. 요리를 하며 생고사리를 접할 때마다 올해는 꼭 꺾으러 가봐야지 마음을 먹는데 아직 한 번도 실행하지 못했다. 내년에는 꼭 고사리를 꺾으러 가봐야겠다.

재료 (김밥 3줄)

생고사리 250g
무 180g
대파(흰 부분) 10g
유부 3장
백미밥 400g
김밥 김 3장
전분 6T
들기름 2T
간장 1, 1/2T
들깻가루 2T
소금 조금
식용유 적당량

유부 양념

물 250㎖
멸치육수 250㎖
간장 50㎖
설탕 25g

밥 밑간

참기름 1T
참깨 1t
소금 1/2t

TIP

- 4월에 만나는 생고사리는 통통하고 부드러운 맛이 좋아 김밥 소로 가득 넣어 봄을 만끽하기에 좋다. 생고사리 손질은 번거롭지만 한 번에 많은 양을 손질하여 냉동하거나 볕에 말리면 1년 내내 먹을 수 있다. 불리는 과정에서 물을 교체하는 것은 생고사리의 독성 물질을 좀 더 완벽하게 제거하기 위함이다.
- 생고사리 시기가 지나면 건고사리를 충분히 불려 만들어도 괜찮다.

1. 생고사리는 흐르는 물에 여러 번 흔들어 세척한다.

   TIP | 솜털을 잘 제거해야 하므로 귀찮더라도 깨끗한 물로 반복하여 세척한다.

2. 끓는 물에 고사리를 5~6분 정도 데쳐내고 다시 흐르는 물에 여러 번 헹궈 남아있는 솜털을 말끔하게 제거한다.

3. 데친 고사리는 하루 동안 물에 담가두고 2~3시간마다 물을 교체한다.

4. 대파는 송송 썬다.

5. 팬에 들기름 2T를 두르고 잘게 썬 대파를 약불에 볶다가 고사리를 넣고 볶는다.

6. 고사리에 들기름 향이 충분히 배면 간장 1, 1/2T, 소금 2꼬집을 넣고 볶는다. 마지막으로 들깻가루 2T를 넣고 볶아 마무리한다.

7. 유부는 끓는 물에 한 번 데친다.

8. 데친 유부를 분량의 유부 양념과 함께 끓여 표면이 고르게 간장 색이 돌 때까지 약불에서 졸인다.

9. 무는 1.5cm 두께로 길게 썰고 소금을 살짝 뿌려둔다.

10. 전분 6T에 소금 1t를 고르게 섞은 다음 무의 표면에 얇고 고르게 묻힌다.

11. 160℃의 식용유에 무를 넣고 모서리가 살짝 갈색빛이 돌 때까지 튀긴 다음 건져내자마자 바로 표면에 소금을 살짝 뿌리고 식힌다.

12. 볼에 밥과 분량의 밑간을 버무린다.
    TIP │ 밥이 뜨거울 때 밑간 양념을 고르게 뿌려 섞는 것이 좋다. 주걱을 세워서 밥을 가르고, 털어내듯 조심스럽게 섞어야 밥알이 뭉개지지 않고 잘 섞인다.

13. 김에 밥을 고르게 펴고 유부를 깐 다음 무와 고사리를 올려 김밥을 말고 썬다.
    TIP │ 참깨를 뿌려 마무리해도 좋다.

A VEGETABLE
LUNCH BOX

박고지 두릅김밥

(32)

두릅은 가시가 있어 손질할 때마다 머리가 쭈뼛 서도록 찔리곤 하지만 그럼에도 포기할 수 없는 정말 사랑스러운 재료이다. 보송하고 굵직한 대를 살짝 데쳐 가지런히 놓아두면 부자가 된 듯한 기분이 든다. 계절이 오가는 것을 느끼고, 그 기운을 고스란히 담은 재료를 먹고, 그것으로 인해 즐거움을 느끼는 생활이 별것 아닌 듯해도 삶의 아주 큰 기쁨임을 점점 느끼고 있다.

쫀득한 식감이 도드라지는 박고지조림은 비슷한 양념인 우엉조림과는 확연히 다른 매력이 있다. 일식 김밥의 속재료로 많이 사용되는 편인데, 재일교포이셨던 외할머니 영향인지 엄마는 어릴 적부터 우엉만큼이나 김밥 속재료로 자주 활용하셨다. 쫄깃하고 오독한 식감을 좋아하는 나로서는 '이번에는 우엉과 박고지 중 무엇이 들어갔을까' 기대하며 엄마의 김밥을 기다리는 재미가 있었다.

재료(김밥 3줄)

두릅 150g
박고지 30g
세발나물 60g
김밥 김 3장
보리밥 350g
올리브오일 조금
소금 1t

조림 양념

물 300㎖
멸치육수 200㎖
간장 3, 1/2T
설탕 2T

밥 밑간

매실청 2T
참기름 1T
식초 1t
소금 1/2t

달걀말이

달걀 5개
멸치육수 1T
설탕 2t
소금 1/2t

TIP

- 밥 대신 메밀 면으로 대체해 고추냉이와 간장을 곁들여도 좋다. 박고지는 우엉이나 버섯, 단무지로 대체해도 좋다.
- 두릅을 데치지 않고 튀겨서 넣어도 잘 어울린다.
- 두툼한 김밥을 말고 싶다면 김을 반 장 더 이어 붙여 만든다. 이때 김을 물로 살짝 붙인 다음, 밥을 얇고 넓게 깔아서 이음새 부분까지 덮어주면 떨어지지 않고 잘 말린다. 김밥을 말고 나서 김이 말린 끝 부분이 아래로 향하게 하여 5분 정도 두었다가 썰면, 김밥이 풀어지지 않고 잘 고정된다.
- 식감과 영양을 위해 보리 1 : 백미 3 분량으로 밥을 했지만 백미만 사용해도 충분히 맛있는 김밥이 된다.
- 세발나물은 가늘고 잘 엉키는 특성이 있어, 김밥 재료가 서로 잘 밀착되도록 도와준다. 그리고 아삭한 식감을 더해 김밥의 맛까지 살린다.

1. 박고지는 물에 30분 이상 충분히 불린다.

2. 세발나물은 차가운 물에 10분 정도 담가두었다가 물기를 제거한다.

3. 냄비에 분량의 조림 양념과 불린 박고지를 넣고 박고지가 갈색빛이 돌고 부드러워지도록 중불에서 졸인다.

4. 두릅은 밑동과 가시를 손질하고 끓는 물에 소금 1t를 넣어 10초 정도 빠르게 데친다.

   TIP | 두릅은 줄기와 밑동에 가시나 손에 거슬리는 잔털이 있으므로 장갑을 끼고 손질하는 것이 좋다. 큰 가시는 칼로 잘라내고, 잔털은 칼등으로 긁어낸다. 밑동이 굵은 경우에는 십자로 칼집을 내주면 좋다.

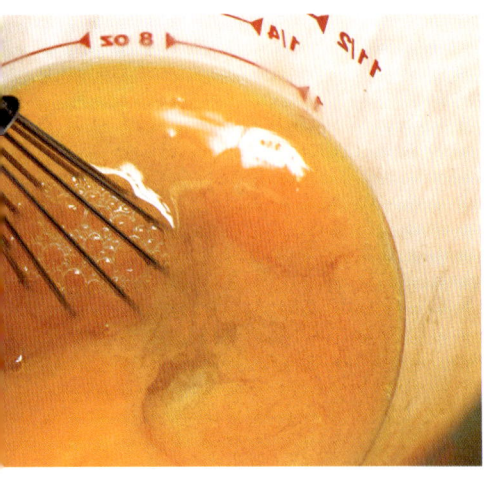 

5. 볼에 분량의 달걀말이 재료를 넣고 잘 섞는다.

   TIP | 좀 더 곱고 부드러운 달걀말이를 원한다면 달걀물을 체에 한 번 거른다. 멸치육수 대신 물을 사용해도 괜찮다.

6. 팬에 올리브오일을 두르고 중약불에서 밝은 노란색이 유지되도록 달걀말이를 두툼하게 만다.

7. 달걀말이를 식힌 뒤, 김밥 김 길이로 길게 썬다.

8. 밥에 분량의 밑간을 하고 골고루 섞어 준비한다.

   TIP | 밥이 뜨거울 때 밑간 양념을 고르게 뿌려 섞는 것이 좋다. 주걱을 세워서 밥을 가르고, 털어내듯 조심스럽게 섞어야 밥알이 뭉개지지 않고 잘 섞인다.

9. 김밥 김에 밥을 펼쳐 깔고 세발나물과 박고지조림, 두릅, 달걀말이를 올려 김밥을 말고 썬다.

A VEGETABLE
LUNCH BOX

구운 두부를 넣은 풋마늘김밥

(33)

겉을 바삭하게 튀기거나 구운 두부를 참 좋아한다. 속은 부드럽고 겉은 바삭한 상반되는 두 식감이 동시에 느껴진다는 점이 매력적이다. 채소 위주의 식사를 하며 빼놓을 수 없는 단백질 보충 재료가 두부인데, 그게 아니더라도 두부는 참 고마운 재료이다.

그리고 풋마늘은 두부와는 다르게 봄에만 잠깐 만날 수 있어 나를 더욱 안달 나게 하는 재료이다. 뿌리는 얼핏 파와 닮았지만, 줄기에서는 진액이 나오지 않는 게 마치 두꺼운 부추 같은 채소이다. 구워 먹거나 튀겨 먹어도 너무나 매력적이지만, 짧은 계절을 타고 오는 채소들은 꼭 한 번은 그 자체의 맛을 즐길 수 있도록 살짝 찌거나 데쳐서 먹는다. 마치 준비운동을 하듯, 다른 조리법으로 넘어가기 전에 순수한 그 맛과 형태를 맛보고 넘어가야 직성이 풀린다.

재료(김밥 3줄)

두부 2/3모
당근 120g
풋마늘 120g
세발나물 60g
김밥 김 3장
백미밥 400g
전분 적당량
올리브오일 적당량
소금 조금
후추 조금

간장 양념

물 150㎖
간장 30㎖
설탕 2T
건고추 2개

밥 밑간

참기름 1T
참깨 1t
소금 1/3t

TIP

- 풋마늘은 데치고 나면 아린 맛이 많이 사라지니 많은 양을 과감하게 넣어도 좋다.
- 세발나물은 향이 강하지 않은 다른 채소로 대체해도 된다. 향이 너무 강한 채소는 풋마늘의 향을 해칠 수 있으니 주의한다.
- 채소 간장절임을 곁들여도 좋다.(54쪽 참고)

1. 두부는 2cm 두께로 길고 두툼하게 썰어 전분을 살짝 묻힌다.

2. 올리브오일을 자작하게 두른 팬에 두부를 노릇해질 때까지 굽고 살짝 식힌다.
   TIP | 두부의 모든 면이 노릇해지도록 굽는다.

3. 팬에 분량의 간장 양념을 넣고 중불에서 끓이다가 살짝 졸아들면 구운 두부를 넣고 고르게 양념을 입힌 뒤, 살짝 식힌다.

4. 당근은 가늘게 채 썬다.

5. 팬에 올리브오일을 두른 뒤 채 썬 당근을 넣고 소금 한 꼬집과 후추를 뿌려 중불에서 볶는다.

TIP | 당근은 겉만 살짝 익혀도 단맛이 올라오고 식감이 부드러워진다.

6. 세발나물은 억센 줄기를 잘라내고 세척한 뒤 물기를 충분히 뺀다.

7. 풋마늘은 김밥 김과 비슷한 길이로 자른 뒤 끓는 물에 소금 1t를 넣고 빠르게 데친다.

   TIP | 두꺼운 부분은 10~15초 정도, 잎 부분은 5초 정도만 데친다.

8. 볼에 밥과 분량의 밑간을 넣고 고루 섞는다.

   TIP | 밥이 뜨거울 때 밑간 양념을 고르게 뿌려 섞는 것이 좋다. 주걱을 세워서 밥을 가르고, 털어내듯 조심스럽게 섞어야 밥알이 뭉개지지 않고 잘 섞인다.

9. 김에 밥을 고르게 펼쳐 깔고 세발나물을 올린 후 두부, 당근, 풋마늘을 얹어 김밥을 말고 썬다.

A VEGETABLE
LUNCH BOX

고구마 후무스 샌드위치

(34) 나는 알레르기가 올라올 조짐이 보이면 평상시보다 엄격한 채소 생활을 시작한다. 그래서 고기 대신에 단백질을 충분히 섭취할 수 있도록 후무스를 만들어 냉장고에 채워두는 편이다. 병아리콩을 불려놓고 다른 후무스 재료들을 찾아보는데, 사과와 고구마의 궁합이 꽤 좋다는 이야기가 생각났다. 내가 좋아하는 두 재료가 궁합까지 좋다니 어찌 그냥 지나칠 수가 있을까.

이렇게 고구마를 넣은 후무스와 사과를 듬뿍 넣은 케일샐러드로 재료의 궁합을 살린 샌드위치를 만들었다. 사과와 고구마의 어울림도 좋고 후무스로 단백질까지 챙길 수 있는 메뉴라 먹고 나서도 만족감이 충만하다.

재료(2인분)

식빵 4장
고구마 400g
병아리콩 150g
사과 250g
케일 80g
양파 50g
세발나물 30g
마늘 15g
청양고추 1개
올리브오일 120㎖
레몬즙 1t
소금 조금
후추 조금
물 조금

갈릭 요거트소스

플레인 요거트 60g
마요네즈 30g
홀그레인 머스터드 1t
다진 마늘 1t
레몬즙 1/2t
후추 조금

TIP

- 식빵 대신 토르티야를 사용해 더 담백하고 가볍게 즐겨도 좋다.
- 고구마 후무스는 2~7일 정도 냉장 보관이 가능하다. 물보다는 올리브오일을 더 넣고 밀폐용기에 담아 윗부분을 올리브오일로 덮으면 산소와의 접촉이 차단되어 더욱 오래 보관할 수 있다.
- 후무스와 샐러드는 샌드위치를 만들고도 남는 넉넉한 양이라 냉장 보관해 따로 먹어도 좋다.

1. 병아리콩은 약 3배의 물을 넣고 5시간 이상 찬물에 불려둔다.
2. 냄비에 물을 넉넉하게 붓고 병아리콩, 소금 1T를 넣고 중불에서 끓여 40분가량 부드럽게 익힌다.

   TIP | 떠오르는 거품은 걷어낸다.

3. 고구마는 찜기에 30분가량 찌고 껍질을 벗긴다.

4. 푸드프로세서에 익힌 병아리콩, 찐 고구마, 마늘, 소금 한 꼬집, 올리브오일 80㎖을 넣고 갈아 고구마 후무스를 만든다.

   TIP | 좀 더 부드러운 스타일을 원하면 농도를 확인하며 물을 한 스푼씩 넣는다.

5. 세발나물은 차가운 물에 10분 정도 담가두었다가 흐르는 물로 세척하고 물기를 제거한다.

   TIP | 너무 길고 엉켜 있다면 4cm 길이로 자른다.

6. 사과, 케일, 양파는 채 썬다.

7. 청양고추는 반 갈라 씨를 빼고 잘게 다진다.

8. 큰 볼에 사과, 케일, 양파, 청양고추, 세발나물과 함께 올리브오일 40㎖, 후추 조금, 레몬즙 1t를 넣고 버무리듯 섞는다.

9. 볼에 분량의 갈릭 요거트소스 재료를 넣고 고루 섞는다.

10. 식빵 한면에 갈릭 요거트소스 – 고구마 후무스 순서로 바른다.

11. 버무린 채소를 올리고 다른 식빵으로 덮은 뒤 반으로 잘라 마무리한다.

A VEGETABLE
LUNCH BOX

당근 우엉 절임을 넣은
버섯 샌드위치

35

새콤달콤한 맛이 은은하게 밴 당근 우엉 절임과 짭쪼롬한 버섯 구이, 바질페스토가 잘 어울리는 샌드위치다. 칼집 낸 버섯 구이의 맛은 굽기 전의 귀찮음과 수고로움을 단번에 날려준다. 칼집 사이사이로 양념이 더욱 고루 스며들고, 바싹 구운 겉면의 식감에 입체감을 더해준다. 굳이 많은 재료를 더하지 않아도 칼집 하나만으로 은밀한 장치를 해둔 것 같은 이런 밑 손질은 단조로운 재료로 요리할 때 더욱 빛난다.

남는 당근 우엉 절임은 바질페스토와 함께 간단한 오픈 샌드위치를 만들거나 올리브오일, 후추를 더해 기름진 식사에 곁들여도 좋다.

재료(2인분)

식빵 4장
당근 100g
우엉 60g
새송이버섯 130g
만가닥버섯 70g
로메인 80g
올리브오일 조금
식초 1t
소금 1t
설탕 1/2t

간장 양념

간장 1, 1/2T
물 1T
청주 1T
설탕 1, 1/2T

바질페스토

엑스트라버진 올리브오일 60㎖
파르미지아노 레지아노 30g
바질 20g
잣 15g
마늘 8g
소금 1/3t

TIP

- 취향에 따라 매콤한 할라페뇨를 곁들여도 좋다.
- 바질페스토를 직접 만드는 게 힘들다면 시판 제품을 사용해도 좋다.
- 로메인이 크다면 식빵 크기에 맞게 잘라 사용하는 것이 편하다.

1. 우엉은 되도록 가늘게 채 썰어 물에 담가둔다.

2. 끓는 물에 소금 1t와 우엉을 넣고 2~3분간 데친 뒤 체에 밭쳐 식힌다.

3. 로메인은 깨끗이 씻어 물기를 제거한다.

4. 당근도 우엉과 비슷한 두께로 채 썬다.

5. 우엉과 당근을 볼에 담고 식초 1T, 설탕 1/2t를 넣고 버무린다. 중간중간 잘 섞이도록 뒤섞고 30분 이상 절여둔다.

6. 새송이버섯은 7~8mm 두께로 모양을 살려 자르고 한쪽 면에 그물 모양의 칼집을 낸다.

7. 만가닥버섯은 밑동을 자르고 먹기 좋게 한두 가닥씩 찢는다.

8. 믹서에 분량의 바질페스토 재료를 모두 넣고 갈아 바질페스토를 만든다.

9. 팬에 올리브오일을 두르고 새송이버섯과 만가닥버섯을 노릇하게 센 불에서 굽는다.

   TIP | 자주 뒤집지 말고 센 불로 겉면에 불 자국을 낸다는 느낌으로 굽는다.

10. 버섯을 굽던 팬에 분량의 간장 양념 재료를 모두 넣고 양념이 고루 잘 배어들도록 섞어가며 중불에서 졸인다.

11. 식빵의 한 면에 바질페스토를 바르고 로메인 - 당근 우엉 절임 - 버섯 - 로메인 순서로 올려 다른 식빵으로 덮은 뒤 반으로 잘라 완성한다.

A VEGETABLE
LUNCH BOX

캐슈미소소스를 바른
단호박 샌드위치

(36) 밀도와 단맛이 꽉 들어찬 단호박을 제대로 즐길 수 있는 메뉴이다. 목이 막힐 듯한 묵직함에 단맛이 은은하게 퍼지는 단호박의 매력을 살리기 위해 최소한의 재료만 추가했다. 여기에서 선택한 최소한의 재료는 아몬드우유이다. 특유의 향이 훌륭한 조미료 역할을 해준다. 취향에 따라 설탕이나 소금, 생크림 등을 첨가해도 좋지만 개성 있는 맛의 캐슈미소소스가 듬뿍 들어가기 때문에 단호박 본연의 맛만 살려도 충분하다.

이 메뉴에서는 찐 단호박에 최소한의 부드러움만 더할 수 있는 양의 아몬드우유를 추가했지만, 아몬드우유를 넉넉히 넣고 믹서로 갈아 시나몬 가루를 살짝 뿌린 다음 시원하게 먹으면 텁텁하지 않고 깔끔한 여름용 단호박 수프를 즐길 수 있다.

재료(2인분)

단호박 150g
아몬드우유 60㎖
로메인 60g
호밀빵 4장

캐슈미소소스

캐슈너트 150g
미소 된장 10g
마늘 10g
홀그레인 머스터드 10g
엑스트라버진 올리브오일 4T
레몬즙 1T
소금 1꼬집

TIP

- 캐슈미소소스는 냉장고에서 2시간 이상 두었다가 사용하면 조금 더 묵직한 식감이 되어 치즈 대용으로 활용하기 좋다. 냉장 보관 시 3~5일 보관 가능하며, 윗부분에 올리브오일을 부어 덮으면 산소와의 접촉이 차단되어 더욱 오래 보관할 수 있다.
- 미소 된장 대신 소금 1/2t를 사용해도 좋다.
- 아몬드우유가 없다면 우유나 두유로 대체 가능하다.
- 로메인이 크다면 식빵 크기에 맞게 잘라 사용하는 것이 편하다.

1. 캐슈너트는 2시간가량 물에 담가 충분히 불려둔다.

2. 믹서에 불린 캐슈너트와 분량의 소스 재료를 모두 넣고 부드럽게 갈아 캐슈미소소스를 완성한다.

3. 단호박은 씨를 제거하고 슬라이스하여 찜기에 10~15분가량 찐다.

4. 찐 단호박은 껍질을 벗기고 절반은 1~2cm 크기로 잘게 썬다.

5. 나머지 단호박을 부드럽게 으깬 뒤 아몬드우유와 잘게 썬 단호박을 넣고 고루 섞는다.

   TIP | 단호박의 식감과 맛을 살리기 위한 과정이다. 부드럽게 먹고 싶다면 단호박을 남기지 말고 모두 으깬 뒤, 아몬드 우유를 2배로 넣는다.

6. 로메인은 깨끗이 씻어 물기를 제거한다.

7. 호밀빵 한 면에 캐슈미소소스를 바르고 로메인 - 단호박 - 로메인 순서로 올린 다음 한쪽 면에 캐슈미소소스를 바른 다른 호밀빵으로 덮고 반으로 잘라 완성한다.

A VEGETABLE
LUNCH BOX

양배추 절임을 넣은
감자 크로켓 샌드위치

(37) 구수하게 볶은 양파를 가득 넣은 감자크로켓과 양배추 절임의 조합은 다른 설명이 필요 없다. 가끔은 뻔하고 당연한 조합이 너무나 생각날 때가 있는데 이 둘도 그런 사이가 아닐까 싶다. 요리를 직업으로 가지며 재료나 조리법 중에서 어느 한 요소는 다르고 신선해야 할 것만 같은 강박이 생길 때가 있다. 생각해보면 익숙함이 주는 편안함과 본능적인 끌어당김이 있는데도 새로워야 한다는 생각이 강하게 드는 것이다. 당연히 늘 새로운 것을 공부하고 찾아봐야 하지만, 너무 과하면 이상한 방향으로 흘러갈 위험성이 생기곤 한다. 그런 조짐이 느껴지면 알단 익숙하고 평범한 음식으로 숨을 고르는 시간이 필요하다. 크로켓과 양배추 절임처럼.

재료(2인분)

식빵 4개
달걀 3개
감자 400g
양배추 200g
양송이버섯 100g
양파 20g
로메인 70g
볶은 양파 1T
쪽파 조금
올리브오일 조금
식용유 적당량
다진 마늘 1t
간장 1t
소금 1, 1/2t
후추 조금
밀가루 조금
빵가루 조금
마요네즈 조금

절임 양념

식초 1, 1/2T
설탕 2t
소금 1/3t
마요네즈 2T
후추 조금

TIP

- 여기서는 크로켓에 볶은 버섯이 들어갔지만, 소금과 올리브오일로 볶은 시금치나 잘게 다진 부추를 넣어도 좋다.
- 크로켓은 넉넉히 만들어 냉동 보관했다가 간식, 반찬, 안주로도 활용 가능하다.
- 양배추 절임도 넉넉히 만들어 냉장 보관했다가 다른 메뉴에 다양하게 활용하기 좋다.
- 로메인이 크다면 식빵 크기에 맞게 잘라 사용하는 것이 편하다.
- 양파 캐러멜라이징(볶은 양파)은 38쪽을 참고한다.

1. 양배추와 양파는 가늘게 채 썬다.
2. 볼에 채 썬 양배추, 양파와 절임 양념 중 마요네즈, 후추를 제외한 재료를 넣고 전체적으로 버무리듯 섞어 재운다.

3. 15~20분 간격으로 한 번씩 뒤섞다가 물이 생기고 충분히 숨이 죽으면 물을 따라 버린다.
4. 마요네즈 2T와 후추 조금을 더해 고르게 섞어 양배추절임을 완성한다.

TIP | 전날 밤 미리 만들어 냉장 보관해두면 좋다.

5. 양송이버섯은 잘게 다진다.

6. 쪽파는 송송 썬다.

7. 팬에 올리브오일을 두르고 약불에서 다진 마늘 1t를 넣고 향을 낸 다음 잘게 썬 양송이버섯을 천천히 볶는다.

8. 버섯에서 생긴 물이 없어질 때까지 졸이면서 볶다가 소금 1/2t, 간장 1t를 넣어 간을 하고 마지막에 후추 한 꼬집을 뿌려 마무리한다.

9. 감자는 껍질을 제거하고 끓는 물에 30분간 푹 삶는다.

10. 감자가 포슬포슬하게 익으면 건져서 소금 1t를 뿌리고 부드럽게 으깬다.

11. 으깬 감자에 볶은 양파와 버섯, 송송 썬 쪽파를 넣고 잘 섞은 뒤 식빵 사이즈에 맞추어 패티처럼 크로켓 반죽을 빚는다.

12. 달걀은 잘 풀어 달걀물을 만든다. 반죽에 밀가루 - 달걀 - 빵가루 순서대로 튀김옷을 입히고 160℃의 식용유에 앞뒤로 노릇하게 튀긴다.

    TIP | 속재료는 모두 익은 상태이므로 겉면이 노릇해지면 바로 건져낸다.

13. 마른 팬에 식빵을 노릇하게 굽는다.

14. 식빵 한 면에 마요네즈를 얇게 바른다.

15. 양배추 절임 - 후추 - 로메인 - 크로켓 - 로메인 - 양배추 절임 순서로 올리고 마요네즈를 바른 다른 식빵으로 덮은 뒤 반으로 잘라 완성한다.

A VEGETABLE
LUNCH BOX

가지 퀴노아 무스를 바른
사과 샌드위치

38

이 샌드위치를 처음 판매할 때, 가지를 좋아하지 않는다는 분도 있었고, 생소한 샌드위치라 거부 반응을 보이는 분도 있었다. 하지만 드셔보신 분들은 예상 밖의 고소함에 크게 만족했던 메뉴이다. 껍질을 벗겨 푸르스름하고 뽀얗게 드러난 가지 속살은 아주 청순하다. 짙은 보라색 껍질이 익숙한 가지의 속살은 조금 생소한데, 이걸 볶고 갈아서 형체를 아예 없애버리면 완전히 새로운 음식이 탄생한다. 퀴노아와 가지가 지닌 서로 다른 종류의 고소함이 만나 더 매력적인 고소함이 도드라진다. 거기에 갈릭 요거트소스와 사과 슬라이스라는 든든한 지원군이 있어 꽤 조화로운 샌드위치다.

재료(1인분)

치아바타 1개
가지 120g
사과 40g
퀴노아 30g
물 800㎖
루콜라 10g
로메인 10g
마늘 5g
올리브오일 조금
소금 적당량
엑스트라버진 올리브오일 1T
후추 1꼬집

갈릭 요거트소스

마요네즈 30g
플레인 요거트 1/2T
레몬즙 1/2T
다진 마늘 1/2t
홀그레인 머스터드 1/2t
후추 1꼬집

TIP

- 가지는 껍질을 벗기고 볶아 사용해도 좋지만 오븐에 껍질째 구운 다음 속을 파내 써도 된다.
- 퀴노아는 영양을 더해주면서 가지의 흐물거리는 식감을 단단하게 잡아주는 역할을 한다.
- 가지 껍질은 질긴 편이라 속만 사용하면 부드럽고 고소함이 잘 드러난다.
- 오렌지 등의 새콤달콤한 과일을 곁들여 먹으면 더욱 다양한 맛을 즐길 수 있다.

1. 가지는 껍질을 벗기고 1~2cm 두께로 길게 자른다.

2. 올리브오일을 두른 팬에 가지를 넣고 소금 한 꼬집을 더해 중불로 볶는다.

   TIP | 이때 너무 센 불에 익혀 타지 않도록 주의한다.

3. 가지가 투명해지면 약불에서 부드러워질 때까지 볶는다.

4. 끓는 물 800㎖에 소금 1t, 퀴노아를 넣어 13~15분간 삶는다.

5. 퀴노아가 익으면 체에 밭쳐 물기를 빼고 식힌다.

6. 볼에 분량의 가지 퀴노아 무스 재료를 모두 넣고 핸드믹서로 곱게 갈아 가지 퀴노아 무스를 만든다.

7. 사과는 2~3mm 정도로 얇게 저며 썰고, 루콜라와 로메인은 깨끗하게 세척하여 물기를 제거한다.

9. 치아바타를 반으로 갈라 한쪽 면에 갈릭 요거트 소스를 바르고 로메인 - 가지 퀴노아 무스 - 사과 - 루콜라 - 로메인 순서로 올려 샌드위치를 완성한다.

8. 믹서에 분량의 갈릭 요거트소스 재료를 모두 넣고 갈아 소스를 만든다.

직접 도시락을 싼다는 것이 부담스러운 사람도 많을 것이다. 그럴 때는 간단하게 샐러드 도시락부터 시작해보자. 도시락을 싸도 물기가 생기지 않고 맛이 변하지 않는 샐러드만 골라 소개했다. 하루하루 샐러드 도시락을 먹다 보면 속도 편하고 몸도 가벼워질 것이다.

몸이 가벼워지는 샐러드 도시락

LUNCH BOX

39. 초당옥수수 퀴노아 샐러드

40. 콜라비 사과 찹 샐러드

41. 참외 퀴노아 샐러드

42. 병아리콩 크로켓과 채소 샐러드

43. 단호박 후무스와 금귤 케일 샐러드

44. 부라타 치즈와 오렌지 고수 샐러드

45. 천도복숭아살사를 올린 감자 샐러드

46. 삶은 달걀과 연근 칩을 곁들인 청포도 양배추 샐러드

47. 살라미 토마토 곡물 샐러드

48. 두부 스프레드와 오리엔탈 곡물 샐러드

49. 두부소스로 버무린 새우 샐러드

50. 리코타 치즈를 곁들인 호박 모둠 구이 샐러드

51. 참외 비트 절임과 견과조림을 넣은 메밀쌈

A VEGETABLE
LUNCH BOX

초당옥수수 퀴노아 샐러드

(39) 옥수수는 여름 그 자체이다. 너무 덥지 않은 비 오는 여름, 소쿠리에 담긴 따끈한 옥수수는 마음에 평온함을 주는 힐링 간식이다. 몇 해 전 처음 접해본 초당옥수수는 찰옥수수와는 완전히 다른 매력을 가지고 있었다. 한 입 먹자마자 '이건 샐러드여야해'라는 느낌이 강하게 들었다. 밝은 날 싱그러운 기분으로 아삭하고 새콤하게 만들어 먹은 초당옥수수 샐러드는 옥수수로 떠올리는 여름 이미지의 새로운 한 장을 열어주었다.

재료(2인분)

초당옥수수 알갱이 250g

퀴노아 70g

알배추 150g

쪽파 30g

물 800㎖

엑스트라버진 올리브오일 80㎖

레몬즙 1T

소금 1/2T

후추 조금

딜 조금

TIP

- 초당옥수수는 수분이 많고 당도가 높으며 생으로도 섭취가 가능하다. 살짝 익히면 단맛이 더욱 잘 올라오지만 수분이 많아 너무 오래 익히면 옥수수 알이 터져 특유의 아삭하고 달큰한 맛과 식감을 즐기기 어렵다.
- 브로콜리니 등을 구워서 곁들여도 좋다.
- 남은 옥수수대는 수프 육수용으로 활용해도 좋다.

1. 초당옥수수의 알갱이 부분만 칼로 도려낸다.

2. 초당옥수수 알갱이를 찜기에서 8분 동안 찐다.

3. 끓는 물 800㎖에 소금 1/2T와 퀴노아를 넣고 13분간 익힌 다음 체에 받쳐 식힌다.
   TIP | 떠오르는 거품은 걷어 낸다.

4. 알배추는 5mm 두께로 채 썬다.

5. 쪽파는 송송 썬다.

6. 볼에 초당옥수수, 알배추, 퀴노아, 쪽파와 함께 올리브오일 80㎖와 레몬즙 1T를 넣고 잘 섞는다.

7. 재료들이 충분히 섞이면 딜과 후추 조금을 뿌리고 버무려 마무리한다.

A VEGETABLE
LUNCH BOX

콜라비 사과 찹 샐러드

(40) 건강한 식재료와 운동에 진심을 오롯이 쏟는 친구가 있다. 몇 해 전, 그 친구와 연말 며칠을 함께 보냈는데 출출한 시간이 되면 콜라비를 가늘고 길게 썰어 과자처럼 먹었다. 나 역시 콜라비를 좋아하지만 알레르기가 있어 많은 양을 한 번에 먹진 못하는데 맛있게 먹는 친구가 재밌기도 하고 귀엽기도 했다. 그 후로 콜라비가 들어간 메뉴를 만들면 그 친구가 자연스레 떠오른다. 내가 만든 샐러드나 스튜를 아주 좋아해주는 친구인데, 이번 콜라비 찹 샐러드는 그 친구를 초대한다는 느낌으로 만들었다. 삶은 병아리콩 사이즈에 맞춰 모든 재료를 잘게 썰고 스푼으로 떠먹는 형태의 샐러드이다. 따로 드레싱을 듬뿍 뿌리지 않아도 재료 본연의 맛이 어우러져 조화로운 맛을 내는 샐러드이다. 병아리콩과 보리는 삶을 때 배어든 소금 간을 통해 짭짤한 맛을 담당하고, 사과와 레몬즙은 새콤함과 단맛, 콜라비는 시원한 맛과 아삭한 식감, 양파와 고수는 감칠맛을 더해주는 조미료 역할을 톡톡히 해낸다. 여기에 올리브오일과 후추를 더하는 것만으로 충분하다. 친구가 좋아하는 고수까지 잘게 썰어 더했으니 부디 맛있게 먹어주길 바란다.

재료(2인분)

콜라비 250g
사과 200g
라디치오 120g
양파 80g
병아리콩 80g
보리 70g
고수 20g
소금 2T

드레싱

엑스트라버진 올리브오일 80㎖
레몬즙 2T
후추 1꼬집

TIP

- 올리브오일을 듬뿍 넣어 마무리한 찹 샐러드는 소분하여 냉장 보관하면 길게는 4~5일까지 보관 가능하다. 수분감이 많지 않은 재료를 사용할수록 보관 기간이 늘어난다.
- 전복 버터구이나 소고기 찹스테이크를 곁들여 고소하고 묵직한 맛을 더해도 좋다. 양파, 감자, 파프리카 등도 비슷한 사이즈로 썰어 함께 구워 곁들여도 잘 어울린다.

1. 병아리콩은 약 3배의 물을 넣고 5시간 이상 찬물에 불려둔다.
2. 냄비에 물을 넉넉하게 붓고 병아리콩, 소금 1T를 넣어 40분가량 삶는다.
   TIP | 중간중간 거품은 걷어낸다.
3. 병아리콩이 부드럽게 삶아지면 체로 건져 식힌다.

4. 끓는 물에 보리와 소금 1T를 넣어 15~20분 동안 삶는다.
5. 보리가 탱글탱글하게 익으면 체로 건져 식힌다.

6. 콜라비는 껍질을 벗기고 병아리콩과 비슷한 크기로 깍둑썰기한다.

7. 사과, 라디치오도 비슷한 크기로 깍둑썰기한다.

8. 양파는 잘게 다진다.

9. 볼에 손질한 재료와 분량의 드레싱 재료를 넣어 고루 섞는다.

10. 고수는 줄기까지 잘게 썬 다음 샐러드에 넣고 한 번 더 섞어 완성한다.

  TIP | 잎이 연한 고수를 처음부터 넣고 섞으면 물러질 수 있다.

A VEGETABLE
LUNCH BOX

참외 퀴노아 샐러드

(41) 퀴노아와 올리브오일이 들어가는 샐러드는 판매한 메뉴 중에서도 내가 정말 좋아하는 메뉴이다. 이 샐러드에 계절에 따라 여러 재료를 추가하여 먹는데, 어떤 재료라도 퀴노아와 올리브오일과 함께 버무려지면 마법처럼 입에 착 붙는 메뉴가 된다.

참외는 속 씨까지 함께 먹으면 아주 달고 맛있지만, 불행히도 나는 참외 속을 먹으면 바로 배탈이 나서 속을 파내고 먹는 편이다. 그래서 아삭하고 시원한 참외의 맛을 살려 샐러드나 장아찌 등으로 더 많이 만들어 먹기 시작했다. 한쪽 문이 닫히면 다른 쪽 문이 열린다는 말이 이런 의미인가 싶기도 하다.

재료(4인분)

참외 2개
양파 120g
라디치오 120g
아스파라거스 100g
케일 70g
퀴노아 70g
렌틸콩 50g
레몬 1개
청양고추 3개
물 2.4ℓ
식초(세척용) 적당량
소금 조금
오레가노 1꼬집

드레싱

엑스트라버진 올리브오일 80㎖
레몬즙 4T
후추 조금

TIP

- 참외, 케일, 양파를 제외하고는 다른 채소로 바꾸거나 생략해도 좋다.
- 물기를 제거한 채소를 올리브오일로 코팅하면 샐러드의 보존 기간을 늘릴 수 있다. 한 번 만들 때 넉넉히 만들고 작은 통에 소분하여 냉장 보관하면 2~3일은 거뜬히 즐길 수 있다.
- 레몬 슬라이스는 생략 가능하다.
- 적절한 간으로 삶아진 재료들이 메뉴 전체의 간을 담당하기 때문에 물과 소금의 분량을 지키는 것이 중요하다.

1. 끓는 물 800㎖에 렌틸콩, 소금 1/2T, 오레가노 한 꼬집을 넣는다. 물이 끓기 시작하면 13분가량 중불로 가열하면서 중간중간 물을 조금씩 추가한다.

2. 불을 끄고 3분가량 뜸들인 다음 체에 밭쳐 물기를 빼고 식힌다.

TIP | 렌틸콩은 너무 오래 끓이면 껍질에서 콩이 분리되어 으스러지기 때문에 식감이 살아 있을 때까지만 익히고, 잔열로 3분가량 더 익힌다. 센 불로 끓이지 않는 이유도 껍질과 알맹이의 분리를 최소화하기 위함이다.

3. 끓는 물 800㎖에 퀴노아, 소금 1/2T를 넣고 약 15분간 삶는다.

4. 퀴노아가 다 익으면 체에 밭쳐 얇게 펼쳐 식힌다.

   TIP | 얇게 펴 식히지 않으면 질어질 수 있다.

5. 라디치오는 차가운 물에 식초를 몇 방울을 떨어뜨린 다음 갈라진 단면이 아래로 가도록 하여 20분가량 담가둔다.

   TIP | 이렇게 두면 잎 사이사이가 벌어지고 숨이 살아나 세척하고 자르기 편해진다.

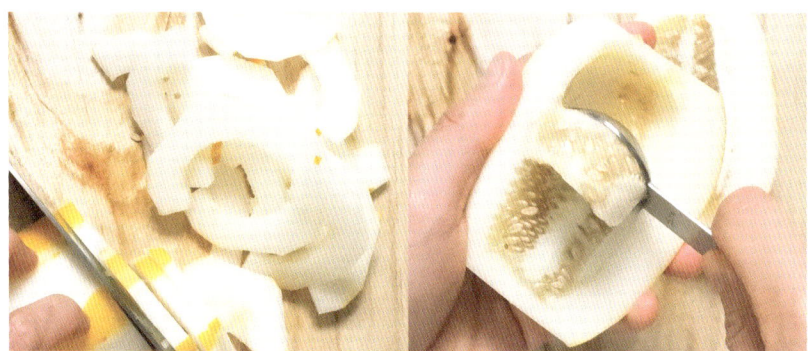

6. 참외는 반 갈라 씨를 빼내고 5mm 두께로 슬라이스한다.

   TIP | 깨끗한 참외를 사용할 경우 껍질을 조금 남겨 색과 모양을 내고 영양을 더해줘도 좋다. 참외 껍질은 질긴 편이니 전체를 사용하기보다 일부분만 활용한다.

7. 케일과 라디치오도 참외와 비슷한 굵기로 채 썰고 아스파라거스는 약 5cm 길이로 썬다.

8. 양파는 반 갈라 최대한 가늘게 채 썰고 청양고추는 송송 썬다.

9. 레몬은 8쪽으로 자른다.

10. 아스파라거스는 끓는 물 800㎖에 소금 1/2T를 넣고 15초가량 데친다.

11. 큰 볼에 손질한 모든 재료와 분량의 드레싱 재료를 넣어 버무리듯 섞고 먹기 직전에 레몬 슬라이스를 얹는다.

A VEGETABLE
LUNCH BOX

병아리콩 크로켓과
채소 샐러드

42

빵가루를 입혀 바삭하게 튀겨낸 크로켓이 동글동글 늘어선 모습은 따뜻하고 귀엽다. 엄마는 요리 솜씨도 좋았지만 손이 정말 큰 편이라 도넛이나 크로켓을 튀기는 날은 식탁 가득 튀김이 늘어서 있었다. 이웃집과 나누어 먹고, 학교에 갈 때는 손에 잔뜩 쥐어주셨다. 튀김은 번거롭고 기름이 많이 드니 한 번 기름을 달구면 어쩔 수 없이 많이 만들어야 한다는 지론이 있어 가득가득 만들곤 하셨다.

이 일을 하다 보니 튀김을 많이 하는 날은 기름 냄새에 힘든 적이 많다. 어릴 적 식탁에 기대어 하나씩 집어 먹을 땐 그 냄새가 그렇게 고소할 수 없었는데 말이다. 가족이 맛있게 먹을 생각에 즐겁게 만드셨겠지만 기억을 더듬어보니 엄마가 맛있게 드시던 장면은 떠오르지 않는다.

샐러드는 크로켓을 먹고 난 후 입 안이 깔끔해지도록 수분감이 많고 아삭한 채소로 구성했다. 화이트발사믹식초로 새콤함을 추가하고 청양고추를 넣어 약간의 매콤함을 더했다. 자칫 느끼할 수 있는 튀김류를 먹을 때 새콤함과 매콤함을 추가하면 먹고 난 후에도 깔끔하게 마무리되는 느낌이다.

재료(2인분)

크로켓

병아리콩 150g
이탈리안 파슬리 10g
볶은 양파 3T
밀가루 조금
달걀 3개
빵가루 조금
식용유 적당량
소금 1, 1/4T
후추 1꼬집

채소 샐러드

토마토 150g
오이 60g
샐러리 50g
당근 40g
양파 40g
파프리카 30g
래디시 15g
청양고추 1개
루콜라 조금
딜 조금
후추 1꼬집

드레싱

엑스트라버진 올리브오일 2T
레몬즙 2T
화이트발사믹식초 1T
다진 마늘 1/2t
후추 조금

TIP

- 크로켓은 넉넉히 만들어 냉동해두면 필요한 만큼만 꺼내어 튀겨 먹기 좋다. 한 번만 튀긴 상태로 냉동해두었다가 에어프라이어나 기름에 다시 튀겨도 좋고, 빵가루까지만 입히고 튀기지 않은 채로 냉동해도 좋다. 둥근 형태가 아닌 납작한 형태로 만들면 적은 기름으로도 충분히 튀겨낼 수 있고, 샌드위치나 버거의 패티로 활용하기 좋다.
- 양파 캐러멜라이징(볶은 양파)은 38쪽을 참고한다.
- 샐러드용 채소는 계절이나 취향에 따라 원하는 것으로 대체해도 좋다.
- 이탈리안 파슬리는 말린 파슬리 가루 1t로 대체 가능하다.
- 토핑용으로 쓰는 루콜라와 딜은 생략 가능하다.

1. 병아리콩은 약 3배의 물을 넣고 5시간 이상 찬물에 불려둔다.

2. 냄비에 물을 넉넉하게 붓고 병아리콩, 소금 1T를 넣어 40분가량 삶는다.
   TIP | 중간중간 거품은 걷어낸다.

3. 병아리콩이 부드럽게 삶아지면 체로 건져 식힌다.

4. 이탈리안 파슬리는 잘게 다진다.

5. 푸드프로세서에 삶은 병아리콩과 소금 1/4T를 넣고 곱게 간다.

6. 볼에 간 병아리콩, 볶은 양파, 다진 파슬리, 후추 한 꼬집을 넣고 잘 섞은 다음 공 형태로 단단히 뭉친다.

7. 달걀은 잘 풀어 달걀물을 만든다. 반죽에 밀가루 - 달걀물 - 빵가루 순서로 튀김옷을 입힌다.

8. 160℃의 식용유에 노릇하게 두 번 튀긴 뒤 건져내 식힌다.
   TIP | 속 재료는 모두 익힌 상태이므로 겉면이 노릇해지면 바로 건져낸다.

9. 오이, 샐러리는 비슷한 크기로 어슷하게 썰고 청양고추는 송송 썬다.

10. 당근, 양파, 파프리카는 채 썰고 토마토도 비슷한 길이로 썬다.

11. 볼에 손질한 채소와 분량의 드레싱 재료를 모두 넣어 고르게 버무린다.

12. 래디시는 얇게 슬라이스 한다.
13. 도시락에 크로켓과 채소 샐러드를 담은 후 루콜라와 슬라이스한 래디시, 딜을 올리고 후추 한 꼬집을 뿌려 마무리 한다.

A VEGETABLE
LUNCH BOX

단호박 후무스와
금귤 케일 샐러드

(43) 병아리콩으로만 만드는 후무스는 맛은 있지만 어째 입 안이 까끌까끌한 느낌이 들었는데, 고구마나 단호박을 넣어 만들면서부터는 부드럽게 먹을 수 있었다. 맛만큼이나 영양 밸런스도 중요하기 때문에 채소 위주의 식사를 할 때면 빼놓지 않는 메뉴다.

갑작스러운 손님의 방문에도 후무스와 살짝 구운 식사 빵, 새콤한 과일 조금이면 힘들이지 않고도 산뜻하고 충분한 식사를 대접할 수 있다. 냉장고에서 꺼내놓는 것만으로도 충분한 상차림이 될 뿐 아니라 간단한 나들이 음식으로도 제격이다. 크래커나 빵은 물론이고 샐러리, 오이, 당근 같은 채소 스틱을 찍어 먹어도 좋다.

재료(2인분)

병아리콩 150g
단호박 150g
금귤 130g
케일 120g
알배추 100g
갯방풍나물 20g
돌나물 20g
소금 1T
구운 호두 조금

후무스 양념

올리브오일 30㎖
마늘 15g
소금 1, 1/2t
후추 조금

드레싱

플레인 요거트 50g
레몬즙 2T
엑스트라버진 올리브오일 1T
마요네즈 1T
다진 마늘 1t
설탕 1t
후추 1/2t

TIP

- 식사 빵이나 크루통, 비스킷을 곁들여도 좋다.
- 후무스 윗부분을 올리브오일로 덮거나 종이호일로 막아두면 5일 정도 냉장 보관이 가능하다. 단, 여름철에는 2~3일 내에 섭취해야 한다. 한 번 먹을 분량만 소분해두면 조금 더 안전하게 보관할 수 있다.

1. 병아리콩은 약 3배의 물을 넣고 5시간 이상 찬물에 불려둔다.
2. 냄비에 물을 넉넉하게 붓고 병아리콩, 소금 1T를 넣어 40분가량 삶으면서 중간중간 거품을 걷어낸다.
3. 단호박은 껍질을 벗기고 병아리콩을 삶는 도중에 넣어 함께 익힌다.

   TIP | 단, 병아리콩의 거품을 다 걷어낸 후에 넣는다. 너무 오래 익히면 모두 바스라지기 때문에 병아리콩을 건지기 10분 전에 넣는 것이 좋다.

4. 병아리콩과 단호박이 부드럽게 익으면 체로 건져 식힌다. 삶은 물은 200㎖ 정도 남겨둔다.

5. 푸드프로세서에 삶은 병아리콩, 단호박과 분량의 후무스 양념을 넣고 함께 간다.

   TIP | 부드러운 후무스를 만들고 싶다면 남겨둔 병아리콩 삶은 물을 조금씩 넣어가며 원하는 농도로 조절한다.

6. 분량의 드레싱 재료를 모두 섞어 드레싱을 완성한다.

7. 금귤은 5mm 정도의 두께로 도톰하게 자르고 씨를 제거한다.

8. 케일과 알배추, 로메인은 1cm 두께로 채 썬다.

9. 볼에 금귤, 케일, 갯방풍나물, 돌나물, 알배추를 담고 드레싱으로 버무린 다음 도시락에 담고 구운 호두를 올린다.

   TIP | 후무스는 다른 밀폐용기에 담아 준비한다.

A VEGETABLE
LUNCH BOX

부라타 치즈와
오렌지 고수 샐러드

(44) 대학생이 되고 나서 고수를 처음 접했는데 '세상에…, 이게 무슨 맛이지?' 싶었다. 맛을 떠나서 너무나 당황스러운 향이었다. 그 당혹스러움에 한동안 고수가 나오면 덜어내기 바빴다. 그러다 여행 중 우연히 샐러드에 곁들여진 고수를 먹었는데 알고 있던 그 이상한 향이 아니었다. 그날따라 고수가 무척 매력적으로 다가온 것이다. 그 뒤로 조금씩 찾아 먹기 시작하다가 어느새 고수 씨앗을 심어 키워보기까지 했다. 비록 잘 키우는 데는 실패했지만, 연한 잎을 만질 때 솔솔 나는 고수 향이 참 좋았다. 지금은 냉장고에 항상 채워두고 유난스러운 사람처럼 여기저기에 고수를 올려 먹고 있다.

재료(1인분)

오렌지 2개
로메인 40g
치커리 30g
양파 50g
샐러리 30g
고수 잎 15g
부라타 치즈 70g
실고추 조금
후추 조금

절임 양념

화이트발사믹식초 2T
엑스트라버진 올리브오일 1T
오레가노 1/2t
씨겨자 1/2t
후추 조금

TIP

- 통후추를 갈아 사용하면 더욱 맛과 향이 좋다.
- 만감류는 씹을 때 상큼한 즙이 많이 흘러나와 드레싱을 대신한다.
- 식사 빵이나 크루통, 비스킷을 곁들여도 좋다.
- 실고추는 생략 가능하다.

1. 양파와 샐러리는 약 2mm 두께로 썬다.

2. 볼에 양파와 샐러리, 분량의 절임 양념 재료를 모두 넣어 버무린다.

3. 오렌지는 껍질을 잘라내고 약 7~8mm 두께로 슬라이스한다.

4. 치커리는 4~5cm 크기로 자르고 로메인은 먹기 좋은 크기로 뜯는다.

5. 로메인과 치커리를 도시락에 깔고 그 위에 양파 샐러리 절임을 올린다.

6. 오렌지를 나란히 담은 후, 사이사이에 고수 잎을 끼워 넣는다.

TIP | 이렇게 담으면 뒤섞지 않아도 편리하게 먹을 수 있다.

7. 부라타 치즈와 남은 양파 샐러리 절임을 사이사이에 채운 다음 후추를 뿌리고 실고추를 올려 마무리한다.

A VEGETABLE
LUNCH BOX

천도복숭아살사를 올린
감자 샐러드

45

카페를 운영하는 5년 동안, 여러 메뉴를 만들며 다양한 재료들을 만났다. 그중 정말 반가운 것이 바로 조풍 감자였다. 감자에도 품종이 있고, 품종별로 식감이나 맛에 큰 차이가 있다는 것을 깨달은 것이다. 찌고 나면 분이 보슬보슬 끼는 다른 감자와는 다르게 조풍 감자는 쫀득한 식감이었다. 품종을 모른 채 어릴 때부터 좋아했던 감자도 바로 조풍 감자였다. 과일이나 찹 샐러드를 끼얹어도 쫀득함이 유지되어 여름철 감자로 샐러드를 만들 때 활용하기 좋다.

재료(2인분)

감자 400g
천도복숭아 200g
양파 90g
청양고추 40g
와일드 루콜라 15g
애플민트 조금
페타 치즈 25g
엑스트라버진 올리브오일 1/2T

살사 드레싱

엑스트라버진 올리브오일 3, 1/2T
화이트와인식초 1/2T
다진 마늘 1/2t
소금 1꼬집
후추 조금

TIP

- 천도복숭아살사는 전날 미리 만들어 냉장 보관해두어도 좋다. 냉장실에서 2~3일간 보관이 가능한데 감자 샐러드에 사용하고 남는 경우 다른 샐러드에 토핑처럼 더해도 좋고, 구운 고기와 함께 곁들여도 개운하게 잘 어울린다.
- 화이트와인식초 대신 일반 식초를 사용해도 괜찮다.
- 치즈 대신 육포 슬라이스 혹은 견과류를 더해도 샐러드와 잘 어울리고 부족한 영양을 채워줄 수 있다.
- 애플민트는 생략 가능하다.
- 살사라는 느낌을 살리기 위해 청양고추가 많이 들어갔다. 매운맛이 힘든 경우는 15g 정도만 넣어도 충분하다.

1. 감자는 먹기 좋은 크기로 잘라 찜기에 넣고 15분간 찐다.

2. 와일드 루콜라는 차가운 물에 10분 동안 담가두었다가 흐르는 물로 깨끗하게 세척하고 체에 밭쳐 물기를 뺀다.

3. 양파와 청양고추, 천도복숭아는 잘게 썬다.

   TIP | 청양고추는 길게 반 가른 다음 썰면 쉽게 자를 수 있다.

4. 볼에 손질한 천도복숭아, 양파, 청양고추를 담고 분량의 살사 드레싱 재료를 모두 넣어 고르게 섞고 20분간 절인다.

   TIP | 절이는 과정을 통해 각 재료에 맛이 고루 배어든다.

5. 도시락에 루콜라를 깔고 찐 감자를 얹은 뒤 천도복숭아 살사를 올린다.

6. 페타 치즈를 손으로 잘게 뜯어 넣은 뒤 올리브오일 1/2T를 전체적으로 살짝 두르고 애플민트를 올려 마무리한다.

A VEGETABLE
LUNCH BOX

삶은 달걀과 연근 칩을 곁들인
청포도 양배추 샐러드

(46) 언제 먹어도 알레르기 반응이 없는 재료 중 하나가 바로 양배추이다. 찌거나 굽거나 생으로도 잘 먹지만 절여서 새콤달콤하게 먹기에도 좋은 재료다. 한때 2년 정도 알레르기가 너무 심했던 시기가 있었다. 그때는 채소마저도 먹으면 두드러기가 나거나 바로 배탈이 나곤 했다. 당시에 입에 달고 살던 몇 안 되는 음식 중 하나가 양배추였는데, 이렇게 오래도록 먹고도 다채로운 방법으로 조리할 수 있어 질리지 않아 참 고마운 재료이다.

재료(2인분)

양배추 500g
청포도 200g
감자 150g
양파 90g
연근 80g
달걀 3개
식용유 적당량
식초 2T
식초(세척용) 조금
후추 조금
소금 조금
딜 조금

절임 양념

식초 2T
레몬즙 2T
설탕 1T
소금 1/2t

드레싱

마요네즈 20g
홀그레인 머스터드 10g
엑스트라버진 올리브오일 1T
레몬즙 1T

TIP

- 달걀, 찐 감자, 연근 칩은 도시락을 싸기 직전에 곁들인다.
- 달걀은 반숙이나 완숙 모두 무관하나, 여름철이나 이동 거리가 길다면 완숙으로 준비한다. 물이 끓기 시작하는 시점에 달걀을 넣는 것이 원하는 익힘 정도를 맞추기 쉽다. 센 불에서 달걀을 넣으면 깨질 위험이 있으니 뚜껑을 연 상태에서 중약불로 줄여 익힌다. 아래의 조리 시간은 달걀 5~6개의 기준이다.
  - 7분 30초 : 흰자는 잘 익고 노른자는 주르륵 흐르는 상태
  - 8분 30초 : 흰자는 잘 익고 노른자는 가운데 부분만 주르륵 흐르는 상태
  - 9분 : 흰자는 잘 익고, 노른자는 가운데 부분이 촉촉한 상태
  - 10분 : 흰자 노른자 모두 완전히 익은 상태
- 청포도와 양배추, 양파를 살짝 절여 만드는 이 샐러드는 밀폐용기에 담아 2~3일 동안 냉장 보관이 가능하다. 감자와 달걀을 곁들여 풍성한 샐러드로 즐겨도 좋고, 다른 단백질 식사의 사이드 메뉴로 활용해도 좋다. 치킨이나 스테이크, 생선구이, 삼겹살구이와도 잘 어울린다.
- 고소하고 바삭한 연근 칩은 샐러드의 감초 같은 역할로 맛과 식감을 채워 준다. 연근 칩 위에 양배추와 청포도, 감자 조각을 올려 먹으면 더욱 맛있다. 연근 칩을 튀기기에 번거롭고 시간이 부족하다면 시판 감자 칩이나 담백한 크래커를 곁들여도 좋다.

1. 양배추는 차가운 물에 식초 몇 방울을 넣고 잘린 단면이 아래로 향하게 20분 가량 담갔다가 깨끗하게 세척한다.
   TIP | 이렇게 두면 잎 사이사이가 벌어지고 숨이 살아나 세척하고 자르기 편해진다.

2. 양배추와 양파는 가늘게 채 썬다.

3. 볼에 채 썬 양배추, 양파, 분량의 절임 양념을 잘 섞은 뒤, 간이 배어들게 1시간 이상 실온에 둔다.

4. 양배추와 양파의 숨이 죽고 간이 잘 배면 손으로 수분을 짜내고 분량의 드레싱 재료를 넣어 잘 섞는다.

5. 껍질을 제거한 감자는 끓는 물에 소금 1t를 넣어 25분간 익힌다.

6. 감자가 익으면 꺼내어 식힌 다음 원하는 사이즈로 자른다.

   TIP | 채소뿐만 아니라 고기 등 대부분의 식재료는 차갑게 식힌 다음 잘라야 부스러지지 않고 깔끔한 단면을 유지하며 자를 수 있다.

7. 연근은 솔이나 수세미로 표면을 깨끗이 닦는다.

   TIP | 취향에 따라 필러로 껍질을 벗겨도 된다.

8. 연근은 1~2mm 두께로 얇게 슬라이스하고 물에 담가 전분기를 제거한다.

   TIP | 얇게 자를수록 바삭한 식감을 즐길 수 있다.

9. 전분기를 제거한 연근을 키친타월에 올려 물기를 뺀다.

10. 160℃의 식용유에 연근을 넣고 노릇한 색이 될 때까지 바삭하게 튀긴 뒤 식힌다.

11. 물에 소금 1T와 식초 2T를 넣고 끓이다가 물이 끓어오르면 중약불로 줄이고 달걀을 넣어 뚜껑을 열고 9분간 익힌다.

12. 삶은 달걀은 껍질을 벗기고 반으로 자른다.

13. 청포도는 얇게 썬다.

15. 도시락에 양배추 샐러드를 담고 후추 조금을 뿌린다. 사이사이에 달걀과 찐 감자, 청포도, 연근 칩, 딜을 올린다.

TIP | 바삭한 식감을 원한다면 연근 칩을 따로 담는다.

A VEGETABLE LUNCH BOX

살라미 토마토 곡물 샐러드

어릴 때는 좋아하지 않았지만 나이가 들수록 맛있고 소중하게 느껴지는 재료가 바로 콩이다. 텁텁하면서도 고소한 담백함이 그렇게 좋을 수 없다. 콩과 곡물, 아삭한 채소와 오일을 듬뿍 넣은 이 샐러드를 먹으면 '어릴 때라면 이렇게까지는 좋아하지 않았을 텐데…' 싶어 조금 신기하기도 하고 기특하기도 한 기분이 든다.
이미 충분히 풍성한 맛의 샐러드이지만 살라미를 더해 감칠맛을 더했다. 가끔 씹히는 고소한 아몬드가 기분 좋은 샐러드이다.

재료(2인분)

흰 강낭콩 60g
보리 50g
방울토마토 200g
오이 120g
라디치오 70g
양파 50g
아몬드 40g
살라미 30g
가지고추 1개
루콜라 30g
소금 2t
식초(세척용) 적당량

드레싱

엑스트라버진 올리브오일 50㎖
레몬즙 2T
후추 1꼬집

TIP

- 샐러드에 따로 간을 하지 않기 때문에, 끓는 물에 충분한 소금을 넣고 곡물을 익히는 것이 중요하다.
- 소분하여 냉장 보관하면 2일 정도 보관 가능하다.
- 방울토마토 대신 일반 토마토를 사용할 경우에는 씨 부분을 파내고 사용한다.
- 살라미는 육포 슬라이스로 대체하거나 생략 가능하다.
- 가지고추는 풋고추, 피망, 파프리카 등으로 대체 가능하다.
- 다양한 식감을 위해 부드러운 흰 강낭콩과 쫄깃한 보리를 사용했지만 다른 곡물로 대체 가능하다.

1. 흰 강낭콩은 물에 5시간 이상 충분히 불려둔다.
2. 끓는 물에 불린 흰 강낭콩과 소금 1t를 넣고 20분간 익힌다. 강낭콩이 부드러워지면 체에 밭쳐 식힌다.

3. 끓는 물에 보리와 소금 1t를 넣고 15분간 익힌 다음 체에 밭쳐 식힌다.

4. 라디치오는 차가운 물에 식초를 몇 방울을 떨어뜨린 다음 갈라진 단면이 아래로 가도록 하여 20분가량 담가둔다.
   TIP | 이렇게 두면 잎 사이사이가 벌어지고 숨이 살아나 세척하고 자르기 편해진다.
5. 라디치오는 잘게 썬다.

6. 방울토마토는 반으로 자르고 양파, 살라미는 강낭콩 사이즈에 맞추어 잘게 썬다.

8. 아몬드는 가로로 반을 자른다.

   TIP | 가로로 놓고 가운데를 칼로 자르면 깔끔한 단면으로 잘린다.

7. 오이와 가지고추는 씨 부분을 제거한 뒤 잘게 썬다.

9. 볼에 준비한 재료와 분량의 드레싱 재료를 넣고 버무린다.

10. 도시락에 샐러드를 담고 루콜라를 올려 완성한다.

A VEGETABLE
LUNCH BOX

두부 스프레드와
오리엔탈 곡물 샐러드

(48) 여러 곡물과 간장 베이스의 오리엔탈 드레싱이 어우러지는 든든하고 건강한 한식 느낌의 샐러드이다. 여기에 더해지는 두부 스프레드는 든든함과 담백함을 채워주는데, 곡물 샐러드에 조금씩 올려 먹으면 좋다.

나는 특히나 보리의 맛과 씹는 식감을 좋아해서 자주 활용하는 편이다. 넉넉히 삶아 냉장 보관하다가 샐러드나 수프에 넣어 먹거나, 구수한 호지차를 우려 오차즈케를 해 먹기도 한다. 오차즈케는 백미나 구운 주먹밥도 좋지만 알알이 식감이 살아 있는 보리로 만들어 먹어도 꽤 잘 어울린다.

재료(2인분)

병아리콩 60g
보리 50g
귀리 30g
렌틸콩 20g
라디치오 40g
양파 20g
소금 조금
크러시드 페퍼 조금
식초(세척용) 적당량

드레싱

물 60㎖
간장 30㎖
양파 40g
설탕 20g
참기름 1T
참깨 1T
레몬즙 1t

두부 스프레드

두부 90g
캐슈너트 80g
마늘 5g
엑스트라버진 올리브오일 2T
소금 1/2t

TIP

- 여러 가지 선호하는 곡물류를 추가해도 좋다. 익히는 시간이 비슷한 곡물은 함께 섞어 익혀도 좋다.
- 단단한 채소를 구워 곁들여도 좋고, 취향에 따라 크러시드 페퍼를 뿌려 매콤하게 먹어도 좋다.
- 간 양파가 들어가는 드레싱은 전날 미리 만들어 냉장 숙성하면 더욱 맛이 좋아진다.
- 끓는 물에 소금을 넣고 삶아낸 곡물은 전분기가 빠져 탱글탱글하게 씹는 맛이 좋다. 너무 질어지기 전에 건져내고 물기를 잘 빼는 것이 중요하다. 삶은 곡물은 올리브오일로 살짝 버무려 냉장 보관하면 여러 샐러드의 토핑으로 활용하기 좋다.
- 두부 스프레드는 밀폐용기에 담아 윗부분에 올리브오일을 두르거나 종이 호일로 밀착하여 산소와의 접촉을 차단하면 3~4일 냉장 보관이 가능하다.
- 두부 스프레드는 크래커나 김부각에 조금씩 올려 먹거나, 토르티야에 발라 부리토로 활용해도 좋다.

1. 믹서에 분량의 드레싱 재료를 모두 넣고 곱게 간 다음 냉장고에서 1시간 이상 숙성시킨다.

2. 캐슈너트는 2시간가량 미리 물에 불려 부드러운 상태로 만든다.

3. 두부는 끓는 물에 살짝 데쳤다가 식혀 수분을 충분히 제거한다.

4. 믹서에 불려둔 캐슈너트와 데친 두부를 포함한 두부 스프레드 재료를 모두 넣고 곱게 간다.

   TIP | 바로 먹어도 상관없지만, 냉장고에 넣어 차갑게 식히면 좀 더 단단해져 식감이 더욱 좋아진다.

5. 병아리콩은 약 3배의 물을 넣고 5시간 이상 찬물에 불려둔다.

6. 냄비에 물을 넉넉하게 붓고 병아리콩, 소금 1T를 넣고 40분가량 삶아 부드럽게 익힌다.

   TIP | 익힌 병아리콩은 냉장고에 들어가면 조금 단단해지는 성질이 있으므로, 모양이 뭉개지거나 부스러지지 않는 선에서 부드럽게, 충분히 익히는 것이 좋다.

7. 끓는 물에 소금 1t를 넣고 보리는 15분, 귀리와 렌틸콩은 13~15분 정도 익힌다.

   TIP | 보리를 먼저 넣고 2~3분 뒤에 나머지를 넣는다. 렌틸콩은 껍질이 벗겨지지 않도록 주의한다. 병아리콩을 삶는 냄비에 같이 넣어 익혀도 된다.

8. 익힌 곡물들은 체에 밭쳐 식힌다.

9. 라디치오는 식초 몇 방울을 넣은 차가운 물에 20분가량 담가둔다.

10. 볼에 만들어둔 드레싱과 익힌 곡물, 라디치오, 양파를 넣고 고루 섞는다.

11. 도시락에 완성한 샐러드와 두부 스프레드를 담고 크러시드 페퍼를 뿌려 마무리한다.

   TIP | 콜리플라워, 방울 양배추 등 남는 채소가 있다면 살짝 구워 곁들여도 좋다.

A VEGETABLE
LUNCH BOX

두부소스로 버무린
새우 샐러드

(49) 　두부나 마요네즈 베이스에 새콤하고 향긋한 시트러스 과일을 더하면 오히려 고소함이 더욱 도드라지게 느껴진다. 고소함이 주가 되면 새콤함을 첨가하고, 달콤함이 주가 되면 매콤함을 첨가하는 식으로 맛을 보완하는 재미가 있다. 오롯이 재료 자체의 맛을 즐기는 것도 좋지만 맛과 영양이 서로 보완되며 시너지를 내는 것을 경험해보는 것도 좋은 요리 공부가 되기에 추천한다.

재료(1인분)

칵테일 새우 180g
감자 150g
고구마 100g
콜리플라워 70g
베이비 루콜라 20g
양파 30g
청주 2T
후추 조금

두부소스

순두부 150g
천혜향잼 40g
엑스트라버진 올리브오일 1T
마요네즈 1T
간장 2t
식초 1/2t
소금 1꼬집
후추 조금

TIP

- 베이비 루콜라는 약간의 알싸함이 있어 이 샐러드와 잘 어울린다. 치커리, 참나물, 겨자 잎 같은 채소로도 대체 가능하다.
- 데친 브로콜리니를 장식용으로 사용해도 좋다.
- 순두부 대신 연두부나 모두부를 써도 괜찮다. 천혜향잼은 유자청이나 기타 시트러스 종류의 잼으로 대체 가능하다.

1. 감자, 고구마, 콜리플라워는 한 입 크기로 썬다.

2. 찜기에 감자와 고구마를 함께 담아 찐다.
3. 감자와 고구마가 80~90% 익으면 콜리플라워도 추가해 3분 정도 함께 찐다.
   TIP | 콜리플라워가 너무 물컹해지지 않도록 주의한다.

5. 끓는 물에 칵테일 새우와 청주 2T를 넣고 데친다.

6. 양파는 최대한 가늘게 채 썰고 1/4은 따로 덜어둔다.
   TIP | 양파 채는 남겨두었다가 샐러드를 완성한 후 하나씩 올려 먹으면 느끼함을 잡아주는 역할을 한다.

7. 믹서에 분량의 두부소스 재료를 모두 넣어 곱게 간다.

8. 볼에 찐 채소와 새우, 채 썬 양파, 두부소스를 넣고 고루 버무린다.

9. 도시락에 샐러드를 담고 덜어두었던 채 썬 양파와 베이비 루콜라를 올린 뒤 후추를 조금 뿌려 마무리한다.

A VEGETABLE
LUNCH BOX

리코타 치즈를 곁들인
호박 모듬 구이 샐러드

(50) 호박은 채소 굽기를 단련하기에 아주 좋은 재료라고 생각한다. 둥글게, 기둥 모양으로, 가늘게, 굵게 등 자르는 모양에 따라 굽는 방법에 차이가 생긴다. 가늘게 채 썬 호박을 약불에서 천천히 계속 저으며 익히면 촉촉하게 수분 가득한 나물처럼 완성되고, 센 불에서 익히면 수분감은 덜하지만 갈색빛으로 변한 겉면 덕에 나물과는 조금 다른 고소한 맛의 호박 구이가 되는 것이다. 두툼하고 길쭉한 모양으로 4등분한 애호박은 속까지 완벽하게 익히지 않아도 괜찮다. 고기로 따지면 미디엄 정도인데, 열기가 남아 있을 때 먹으면 더욱 맛있다. 겉은 부드럽게 깨물어지고 속은 사각거리며 쫀득하게 씹힌다. 우리는 호박나물이나 전이 익숙하기 때문에 조금 덜 익히거나 두껍게 써는 것을 낯설어 한다. 여기서는 길쭉하게 잘라 겉을 살짝 그을리듯 굽는 방법을 선택했으니 조금은 새로운 도전을 해보길 바란다.

재료(1인분)

애호박 180g
주키니호박 180g
단호박 70g
비타민 20g
루콜라 15g
리코타 치즈 3T
올리브오일 조금
소금 1꼬집
후추 조금

레몬 파슬리 드레싱

이탈리안 파슬리 잎 5g
엑스트라버진 올리브오일 3T
레몬즙 2T
설탕 1T
마늘 1t

TIP

- 이탈리안 파슬리는 파슬리 가루 1t로 대체 가능하다.
- 구운 채소는 발사믹 글레이즈와도 잘 어울린다. 화이트 발사믹식초 250㎖에 설탕 1T를 넣고 중약불로 끓여 발사믹 글레이즈를 만들어보자. 끓이는 과정이 번거롭지만 재료 준비가 간단해 생각보다 편리하고 1개월 정도 냉장 보관 가능하다. 소개한 샐러드보다 잎채소 양이 적고 구운 호박 위주라면 발사믹 글레이즈가 더 잘 어울린다. 발사믹 글레이즈를 직접 만들면 당도도 원하는 만큼 조절 가능하고 시판용 제품보다 훨씬 저렴하다.
- 핑크페퍼나 식용 꽃으로 장식했지만 생략해도 충분하다.

1. 이탈리안 파슬리 잎을 잘게 다진다.

2. 볼에 분량의 드레싱 재료를 모두 넣고 잘 섞어 레몬 파슬리 드레싱을 완성한다.

3. 비타민은 뿌리를 제거하고 루콜라는 먹기 좋은 크기로 준비한다. 애호박과 주키니호박은 6~7mm 두께로 길게 자른다. 단호박도 반 갈라 씨 부분을 제거하고 비슷한 두께로 자른다.

4. 팬에 올리브오일을 두르고 중불에서 소금 한 꼬집 뿌려가며 애호박과 주키니 호박을 노릇하게 구워 식힌다.

   TIP | 자주 뒤집지 않아야 수분 배출이 적고 살짝 그을린 듯 노릇한 겉면이 나온다.

5. 팬에 올리브오일을 두르고 중약불에서 단호박을 구워 식힌다.

   TIP | 단호박은 겉면이 바삭하게 구워지면 시간이 지난 뒤 딱딱해지는 경향이 있어 다른 호박과는 다르게 너무 타지 않도록 주의하며 굽는 것이 좋다. 바로 먹는다면 바삭하게 구워도 괜찮다. 탈까 봐 걱정된다면 물 1T를 넣고 굽는다.

6. 도시락에 루콜라, 비타민을 깔고 구운 애호박, 주키니호박, 단호박을 번갈아가며 고르게 담는다.

   TIP | 사진처럼 애호박과 주키니호박을 둥글게 말면 먹기 편하다.

7. 리코타 치즈를 조금씩 덜어 호박 사이사이에 넣고 후추를 조금 뿌려 마무리한다.

   TIP | 드레싱은 따로 챙겨 먹기 직전에 부린다.

A VEGETABLE
LUNCH BOX

참외 비트 절임과
견과조림을 넣은 메밀쌈

(51) 기름을 둘러 두툼하고 투박하게 지글지글 구운 부침개도 좋아하지만 때론 정갈하고 깔끔하게 부쳐내는 메밀전병이 생각날 때가 있다. 사실 나는 평소에 김치를 아주 즐겨 먹지는 않는 편이라 김치 소가 들어간 메밀전병에서 그 속 재료를 대체할 수 있는 무언가가 없을까 생각해본 적이 있다. 그러다 우연히 남아 있던 채소 절임과 생채소를 싸 먹었는데 깔끔하고 자극 없는 맛이 입에 잘 맞았고, 제주도 여행을 가면 심심한 빙떡을 찾는 엄마도 맛있게 드셨다. 보통 간장 양념에 찍어 먹는 것을 간장 베이스로 졸인 견과류로 대체하여 짠맛과 고소한 맛을 채웠다. 심심한 듯하지만 식감도 맛도 충분히 즐거운 메뉴라고 생각한다. 이 메뉴의 속 재료는 김치처럼 붉은색을 내고 싶어 비트를 사용했다. 거기에 자연스러운 단맛을 올려줄 참외와 당근, 가볍고 아삭한 식감의 무를 더해 깔끔하고 편안한 맛으로 완성했다. 비트로 인해 메밀쌈이 붉게 물들지만 이것조차 멋스럽게 느껴진다. 전날 밤 미리 만들어두었다가 도시락으로 싸기에도 좋은 메뉴이다.

재료(1인분)

비트 120g
참외 100g
당근 70g
무 70g
돌나물 25g
견과류(호두, 아몬드, 호박씨 등) 80g
식초 2T
소금 1/2t
올리브오일 조금
다진 쪽파 조금
참깨 조금
고수 잎 조금

메밀 반죽

물 300㎖
메밀가루 100g
소금 2/3t

견과조림 양념

물 100㎖
간장 50㎖
설탕 3T

TIP

- 반죽은 팬에 펼치자마자 바로 익기 때문에 처음 한두 장은 작게 만들어보고, 어느 정도 감이 잡히면 큰 사이즈로 만든다. 배춧잎이나 쪽파 등을 더해 한국식 전으로 부쳐 먹어도 좋고, 달걀이나 치즈, 바나나 등 여러 토핑을 얹어 크레페로 만들어도 좋다.
- 고수 잎은 생략해도 괜찮고 쑥갓이나 참나물 잎, 미나리 잎 등 다양한 채소의 여린 잎을 활용해도 좋다.
- 견과류는 종류에 상관없이 자유롭게 준비한다. 여기에서는 호두, 아몬드, 호박씨, 잣을 사용했다.

1. 견과류는 지퍼백에 넣어 칼등이나 둔탁한 물체로 내리쳐 굵게 다진다.

2. 마른 팬에 굵게 다진 견과류를 볶다가 분량의 견과조림 양념을 넣고 중불에서 끈적끈적하게 졸인다.

3. 비트, 당근, 무는 가늘게 채 썬다.

4. 참외는 껍질을 벗기고 반 갈라 씨를 제거한 뒤 1~2mm 두께로 슬라이스 한다.

5. 볼에 비트, 당근, 무, 참외와 식초 2T, 소금 1/2t를 넣고 고루 섞어 30분 이상 절여둔다.

6. 간이 잘 배도록 15분마다 섞다가 다 절여지면 나온 수분을 따라낸다.

TIP | 당근과 비트가 유연하게 구부러지는 정도로 절인다.

7. 볼에 분량의 메밀 반죽 재료를 넣어 고루 섞고 실온에서 30분 동안 숙성한다.

   TIP | 반죽에 찰기와 쫀득한 식감을 더하는 과정이다.

8. 팬에 올리브오일을 약간 두르고 작게 접은 키친타월을 이용해 전체에 기름을 얇게 펴 바른다는 느낌으로 닦는다.

   TIP | 적은 양이 전체에 고르게 분포된 상태여야 얇은 반죽을 부치기 좋다. 기름이 많은 부분은 반죽이 부풀거나 색이 짙어지므로 주의한다. 달걀지단처럼 얇고 고운 색을 유지할 필요가 있는 음식을 만들 때에도 이 방법을 활용하면 좋다. 키친타월 대신 솔을 사용해도 좋다.

9. 반죽을 떠서 팬에 펼치고 국자의 둥근 면으로 빠르게 돌리며 모양을 잡아 얇게 편 뒤, 약불에서 익힌다.

10. 반죽이 다 익기 전에 가운데에 고수 잎을 고정시키고 약불에서 그대로 두어 익힌다.

11. 가장자리가 들리고 밑면이 살짝 노릇해지면 덜어내어 식힌다. 같은 방법으로 메밀전병을 반복하여 만든다.

    TIP | 얇은 반죽이므로 한쪽 면만 익혀도 충분하다. 한쪽 면만 익혀야 쌈을 만들 때 부드럽게 잘 말린다.

12. 메밀전병 위에 참외 비트 절임 - 참깨 - 다진 쪽파 - 돌나물 - 견과조림 순서로 재료를 올리고 김밥 말듯 돌돌 만다.

    TIP | 취향에 따라 청양고추를 잘라 넣어도 좋다.

보온 도시락이나, 내열 용기에 담아 전자레인지에 돌려 따뜻하게 먹을 수 있는 도시락 메뉴를 소개한다. 수프나 스튜 같은 메뉴가 많다. 수프의 좋은 점은 많은 양을 끓여두면 며칠 동안 먹을 수 있어 편리하다는 것, 그리고 끓일수록 맛이 진해진다는 점이다. 보온병과 식사 빵만 준비하면 도시락을 더 든든하고 간편하게 챙길 수 있다. 추운 계절에도 몸과 마음이 따뜻해지는 채소 도시락을 즐겨보자.

TIP
- 수프의 감칠맛을 증폭시키는 캐러멜라이징된 양파가 중요하다. 만약 캐러멜라이징된 양파가 없다면 389쪽의 '콩비지 양송이 크림수프'를 참고해 양파 볶는 과정을 추가한다.

몸과 마음이 따뜻해지는 채소 도시락

LUNCH BOX

52. 매운 렌틸콩 토마토 수프

53. 버섯 배추 크림수프

54. 시금치 호두 크림수프

55. 콩비지 양송이 크림수프

56. 고사리 우엉튀김을 올린 감자 크림수프

57. 단호박 수프

58. 맑은 연근 완자 수프

59. 광어 뼈로 육수를 낸 감자 무 스튜

60. 두유를 넣은 뿌리채소 스튜

61. 우엉 버섯볶음을 올린 연근 감자 그라탱

62. 미소 크림 채소 그라탱

A VEGETABLE
LUNCH BOX

매운 렌틸콩 토마토 수프

52

몸과 마음에 뜨끈한 위로가 필요할 때, 토마토 수프만큼 안정과 온기를 주는 메뉴도 없다. 투박한 볼에 뜨끈하게 채워진 토마토 수프를 한 숟가락씩 먹다 보면 순식간에 마음이 녹는다. 코를 훌쩍이며 정신없이 떠먹고 나면 '그래, 뭐 별거 있나' 하는 생각에 마음이 느슨해진다. 온종일 긴장한 날, 스스로를 위한 맵고 따끈한 토마토 수프를 끓여 후루룩 들어보기를 추천한다.

재료

토마토 600g
당근 250g
감자 200g
양송이버섯 100g
샐러리 70g
렌틸콩 50g
닭육수 300㎖
물 100㎖
볶은 양파 2T
건고추 5개
올리브오일 조금
다진 마늘 1t
소금 2, 1/2t
오레가노 1/2t
후추 1꼬집

TIP

- 맛이 조금 떨어지거나, 너무 많이 익어 물러진 토마토는 수프에 제격이다. 생토마토가 부족할 땐 시판용 홀토마토를 섞어 끓여도 좋다. 이때 토마토주스의 함량이 낮은 제품일수록 좋다. 수프를 넉넉하게 만들어 냉장 보관해두었다가 빵을 곁들여 데워 먹으면 든든한 한 끼가 된다.
- 바질 잎이나 프레시 모차렐라 치즈를 곁들여도 잘 어울린다.
- 렌틸콩은 따로 삶아 식힌 다음 통에 담아 냉장 보관한다. 익힌 렌틸콩은 2일 정도 냉장 보관이 가능하다. 더 길게 보관하고 싶다면 냉동 보관한다.
- 건고추가 없다면 크러시드 페퍼 1t로 대체해도 된다.
- 닭육수는 37쪽을 참고한다.
- 양파 캐러멜라이징(볶은 양파)은 38쪽을 참고한다.
- 고수 잎이나 미나리 잎 등으로 장식해도 좋지만 생략해도 충분하다.

1. 토마토는 십자로 칼집을 내고 끓는 물에 데친 다음 껍질을 벗겨 잘게 썬다.

2. 당근과 샐러리는 토마토와 비슷한 크기로 썰고, 감자는 조금 더 크게 자르고 물에 담가 전분을 뺀다.

3. 양송이버섯은 5mm 두께로 모양을 살려 썬다.

4. 끓는 물에 렌틸콩, 오레가노 1/4t, 소금 1t를 넣고 13분간 익힌 다음 체에 밭쳐 식힌다.

5. 올리브오일을 두른 팬에 당근과 샐러리를 넣고 소금 1/2t를 뿌려 중불에서 볶는다.

6. 당근과 샐러리가 충분히 볶이면 양송이버섯을 넣고 볶는다.

7. 양송이버섯이 노릇하게 익으면 토마토를 넣어 수분이 충분히 나오고 재료가 모두 흐물흐물해질 때까지 중불에서 볶는다.

8. 닭육수와 물, 볶은 양파, 건고추를 넣고 중불로 끓이다가 수프가 끓기 시작하면 약불로 줄여 30분 이상 푹 끓인다.

9. 소금 1t, 오레가노 1/4t를 넣어 간을 맞추고 향을 더한다.

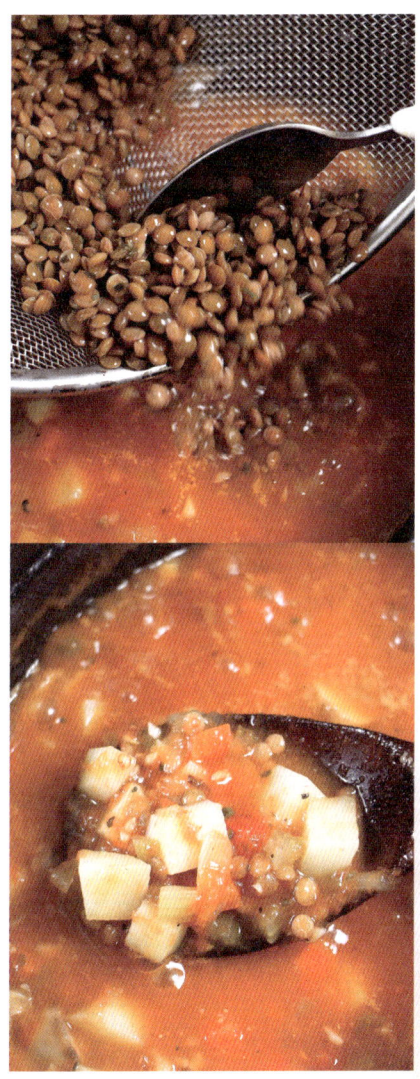

10. 매운맛이 충분히 우러나면 다진 마늘 1t, 후추 한 꼬집, 감자를 넣고 15분간 더 끓인다.

11. 건고추를 건져내고 렌틸콩을 넣어 5~10분간 더 끓이고 마무리한다.

TIP | 렌틸콩을 처음부터 넣고 끓이면 렌틸콩이 수분을 다 흡수해 죽이 되어버린다. 감자를 마지막에 넣는 것도 같은 이유이다. 작은 냄비에 수프를 먹을 만큼만 덜고 렌틸콩을 넣어 끓여도 좋다.

A VEGETABLE
LUNCH BOX

버섯 배추 크림수프

(53)   선선한 바람이 부는 계절이면 유난히 배추로 이런저런 요리를 해 먹게 된다. 볶아도 먹고, 솥밥도 해 먹고, 국도 끓이고, 수프도 만들어 부지런히 챙겨 먹는다. 이 수프는 국 같아서 부담 없이 후루룩 먹을 수 있는 수프가 없을지 고민하며 만든 메뉴이다. 여러 음식을 만들고 판매하다 보면 재료가 소박해도 손님들이 유난히 찾아주고 맛있게 드셔서 기억에 남는 메뉴가 있다. 내게는 이 수프가 그런 메뉴 중 하나였다. 시그니처 메뉴로 거의 매일 우엉 주먹밥을 판매했는데, 유난히 이 수프와 잘 어울렸다. 우유의 고소함, 건고추의 칼칼함, 배추의 달큰함이 어우러져 밥과 함께 후루룩 잘 넘어가는 그런 메뉴였다.

이 수프를 끓일 때는 늘 만가닥버섯을 찾게 된다. 다른 버섯도 잘 어울리지만 푹 끓여 부드러워진 배추와 작고 동그랗고 탱글탱글한 버섯 머리의 이질적인 식감이 어울려 더 재미있는 수프가 되기 때문이다. 전자레인지로 다시 데워도 크게 맛의 변화가 없는 수프라 도시락용으로 추천한다.

재료

배추 250g

감자 150g

만가닥버섯 120g

닭육수 600㎖

우유 150㎖

쪽파 15g

건고추 3개

다진 마늘 1T

볶은 양파 1T

올리브오일 적당량

간장 1T

소금 1/2t

후추 1꼬집

TIP

- 식사 빵이나 주먹밥과도 잘 어울리고, 식은 밥을 말아 먹어도 좋다.
- 닭육수는 37쪽을 참고한다.
- 양파 캐러멜라이징(볶은 양파)은 38쪽을 참고한다.
- 핑크페퍼를 뿌려 장식해도 좋지만 생략해도 충분하다.

1. 감자는 먹기 좋은 크기로 깍둑썰기하고, 물에 담가 전분을 뺀다.

2. 만가닥버섯은 밑동을 자르고 한 가닥씩 뜯는다.

3. 배추는 1~2cm 두께로 채 썰고 쪽파는 송송 썬다.

4. 냄비에 올리브오일을 넉넉히 두르고 약불에서 다진 마늘 1T를 넣어 향을 낸 다음 만가닥버섯을 볶는다.
   TIP | 센 불로 시작하면 다른 채소가 익는 동안 마늘이 타버리니 주의한다.

5. 버섯이 충분히 볶이면 볶은 양파와 배추를 넣고 간장 1T를 둘러 중불에서 볶는다.

   TIP | 이때도 마늘이 타지 않도록 주의한다.

6. 배추의 숨이 죽으면 닭육수를 붓고 건고추를 넣어 15분가량 푹 끓인다.

7. 우유를 부어 약불에서 저어가며 10분간 더 끓인다.

   TIP | 이때 생기는 거품은 걷어낸다. 우유나 두유, 생크림을 추가하여 끓이는 경우에는 약불에서 저어가며 끓여야 층이 분리되지 않고 잘 섞인다.

8. 소금 1/2t, 쪽파, 감자를 넣고 약불에서 15분간 더 끓이다가 후추 한 꼬집을 뿌려 마무리한다.

A VEGETABLE
LUNCH BOX

시금치 호두 크림수프

54

카페를 운영하며 계절마다 다양한 종류의 수프를 끓였다. 당연히 수프의 주재료가 가장 중요하지만, 그 재료들로 용감하게 수프를 시도하려면 아무래도 믿을 구석이 필요하다. 조금만 넣어도 감칠맛이 증폭되는 조미료 같은 아군이 있다면 거의 실패 없이 수프를 완성할 수 있는데, 그 역할을 바로 볶은 양파가 담당했다. 양파의 형체가 없어질 때까지 계속 저어가며 타지 않게 볶아내야 하므로 시간과 노력이 꽤 필요한 작업이지만 그만큼의 값어치를 충분히 하는 존재이다.

사실 이 메뉴는 수많은 수정을 거쳐 탄생한 레시피이다. 호두 특유의 떫은맛이 마음에 걸려 호두와 두유의 비율을 몇 번이나 조정했는지 모른다. 고민 끝에 수프를 가볍게 만들고 과정을 간소화했더니 결국 마음에 드는 수프가 나왔다. 처음보다 제법 많은 양의 호두를 덜어냈는데, 적은 양으로도 특유의 향과 고소함은 충분했다. 많은 고민을 했던 만큼 애정도 듬뿍 생긴 메뉴이다.

재료

시금치 100g

호두 45g

두유 200㎖

물 200㎖

엑스트라버진 올리브오일 조금

볶은 양파 1T

다진 마늘 1t

소금 조금

후추 조금

실고추 조금

TIP

- 호두 특유의 떫은맛이 힘들다면 캐슈너트로 대체해 좀 더 부드럽게 즐길 수 있다.
- 두유 대신 일반 흰 우유를 사용해도 좋고, 마지막에 생크림 50㎖ 정도를 추가하면 좀 더 고소하고 묵직한 맛이 도드라진다.
- 소금 간은 취향에 따라 가감한다.
- 양파 캐러멜라이징(볶은 양파)은 38쪽을 참고한다.
- 플레이팅이 필요할 땐, 올리브오일은 방울방울 장식하듯 떨어뜨리고 실고추는 짧게 잘라 군데군데 올리면 예쁘게 완성할 수 있다.

1. 호두는 물을 부어 30분 이상 불린다.
   TIP | 중간에 한 번 물을 갈아주면 더 깔끔하게 불릴 수 있다.

2. 시금치는 뿌리를 제거한 뒤 물에 담가 두었다가 물기를 제거한다.

3. 팬에 올리브오일을 두르고 약불에서 다진 마늘을 넣어 볶는다.

4. 마늘 향이 올라오면 시금치를 넣어 볶는다.

    TIP | 마늘 색이 진해지기 전에 시금치를 넣는다. 시금치는 부피가 있어 절반씩 나누어 볶으면 편하다. 먼저 넣은 시금치의 숨이 죽으면 나머지를 넣는다.

5. 시금치에서 수분이 나오기 시작하고 숨이 죽으면 중불로 올리고 소금을 한 꼬집 뿌려 볶는다.

6. 시금치가 흐물흐물해지면 물과 두유를 붓고, 불린 호두와 볶은 양파 1T를 넣고 끓인다.

 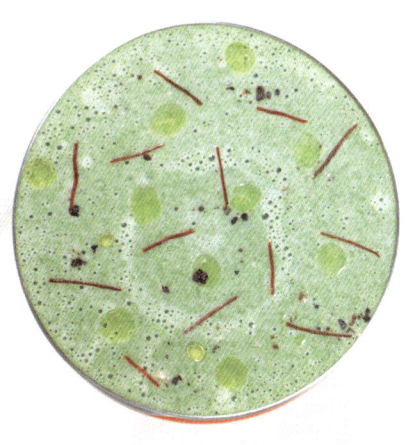

7. 끓기 시작하면 2분가량 더 끓인 뒤 불에서 내려 한 김 식힌 후 핸드블렌더로 곱게 간다.

    TIP | 반드시 가스 불을 끄고 핸드블렌더를 사용한다. 믹서기를 사용하는 경우에는 조금 식혔다가 갈아준다. 불에서 내리자마자 고온의 수프를 밀폐 상태에서 고속으로 갈면 압력이 차서 폭발할 위험이 있다.

8. 곱게 간 수프에 소금 1/2t를 넣고 중불에서 3분가량 더 끓인다.

9. 도시락에 담고 올리브오일, 후추, 실고추를 조금씩 더해 마무리한다.

A VEGETABLE
LUNCH BOX

콩비지 양송이 크림수프

(55) 보통은 맑은 국을 좋아하는데 콩비지가 들어간 국은 걸쭉할수록 맛있다. 첨가하는 우유나 물의 양에 따라 달라지겠지만, 콩비지를 넣은 수프는 전반적으로 묵직한 편이라 든든하게 먹을 수 있다. 심심하고 담백한 맛의 비지국은 수프 같기도 하고 죽 같기도 해서 묘한 매력이 있다. 그래서 든든하지만 무겁지 않은 따뜻한 한 그릇을 만들 수 있다.

채소 생활을 하면서 부족해질 수 있는 단백질도 채울 수 있으니 크림류의 수프를 만들 때 콩비지를 조금씩 첨가해보는 것도 좋은 방법이다.

재료

콩비지 200g
양파 300g
양송이버섯 200g
우유 200㎖
물 200㎖
버터 15g
올리브오일 2T
다진 마늘 1/2t
소금 2t

TIP

- 우유는 두유로 대체 가능하다.
- 볶은 양파가 있다면 2번 과정을 생략하고 4번 과정에서 볶은 양파 2T를 사용한다.
- 사진에서는 딜 꽃, 핑크페퍼, 올리브오일을 사용해 장식했으나 생략 가능하다.

1. 양송이버섯은 4~5mm 두께로 썬다.

2. 팬에 채 썬 양파, 버터, 올리브오일 2T를 넣고 갈색빛이 돌도록 고루 볶는다.

3. 양파가 모두 익으면 양송이버섯과 소금 1t를 넣고 함께 볶는다.

4. 버섯과 양파가 충분히 볶이면 물을 넣고 중불에서 10분간 끓인다.

5. 우유를 넣고 약불에서 저어가며 2분간 더 끓인다.

6. 콩비지, 다진 마늘 1/2t, 소금 1t를 넣고 저어가며 5분간 끓인다.

7. 수프가 충분히 끓으면 핸드블렌더로 건더기를 곱게 간 다음 5분 정도 더 끓여 마무리한다.

   TIP | 반드시 가스 불을 끄고 핸드블렌더를 사용한다. 믹서기를 사용하는 경우에는 조금 식었다가 갈아준다. 불에서 내리자마자 고온의 수프를 밀폐 상태에서 고속으로 갈면 압력이 차서 폭발할 위험이 있다.

A VEGETABLE
LUNCH BOX

고사리 우엉튀김을 올린
감자 크림수프

(56) 묵직하게 끓인 감자 수프에 고사리와 우엉튀김을 올렸다. 바삭하게 구운 튀김을 수프에 찍어 먹는 조합이 꽤 좋다. 나의 요리는 대부분 엄마의 영향을 받은 것이 많은데, 고사리튀김은 내가 엄마에게 알려드린 메뉴이다. 가끔씩 내가 알려드리거나 맛보여 드리는 메뉴에 엄마는 기분 좋은 리액션을 해주신다. 뿐만 아니라 사진만 보여드리거나 조리법만 알려드리는 경우에는 직접 요리해 드신 뒤, 조별 과제를 함께하는 팀원처럼 피드백도 주신다. 평생 가는 아름다운 팀이다.

재료

우유 550㎖
감자 450g
고사리 30g
우엉 30g
볶은 양파 1, 1/2T
버터 10g
식용유 적당량
전분 적당량
소금 조금

TIP

- 여기서는 생고사리를 사용했다. 건고사리를 사용한다면 충분히 불려 데친 후에 사용한다.
- 볶은 양파의 비율이 늘어나면 자연스럽게 단맛이 늘어 달큰하고 구수한 수프가 된다. 처음에는 레시피대로 만들어보고 취향에 따라 볶은 양파의 양을 가감한다.
- 튀김은 따로 포장하여 도시락을 먹기 직전에 올리는 것을 추천한다.
- 취향에 따라 후추, 올리브오일이나 딜 등의 허브를 뿌려 먹어도 좋다.
- 양파 캐러멜라이징(볶은 양파)은 38쪽을 참고한다.
- 딜 꽃으로 장식했으나 생략해도 충분하다.

1. 감자는 껍질을 벗기고 반으로 잘라 소금 1t를 넣은 끓는 물에 25분간 삶는다.

2. 감자가 다 익으면 건져내고 버터를 넣어 부드럽게 으깬다.

3. 으깬 감자에 우유, 볶은 양파 1, 1/2T, 소금 1t를 더해 저어가며 약불로 끓이다가 핸드블렌더로 곱게 간다.
   TIP │ 반드시 가스 불을 끄고 핸드블렌더를 사용한다. 믹서기를 사용하는 경우에는 조금 식혔다가 갈아준다.
   불에서 내리자마자 고온의 수프를 밀폐 상태에서 고속으로 갈면 압력이 차서 위험하다.

4. 다시 중약불에서 잘 저어가며 끓이다 보글보글 끓으면 약불에서 10분정도 더 끓여 마무리한다.
   TIP │ 우유가 들어간 수프는 눌어붙지 않도록 바닥까지 잘 저어가며 끓인다. 취향에 따라 소금으로 간한다.

5. 우엉은 필러로 가늘고 길게 채 썬다.

6. 고사리는 전분을 얇게 입힌다.
   TIP │ 취향에 따라 한 입 크기로 자르거나 긴 상태 그대로 준비한다.

7. 160℃의 식용유에 채 썬 우엉과 전분가루를 입힌 고사리를 노릇하게 튀긴 뒤 건져 기름을 뺀다.

8. 도시락에 수프를 담은 뒤, 고사리와 우엉튀김을 올리고 소금 한 꼬집을 살짝 뿌린다.

A VEGETABLE
LUNCH BOX

단호박 수프

(57)   광안리에서 시작한 카페조말순은 5년 동안 많은 변화가 있었다. 처음엔 음료와 간단한 샐러드, 주먹밥으로 시작해 매주 메뉴를 바꾸는 가정식 카페 겸 도시락 가게가 되었다. 가게 운영 방식을 왜 그렇게 자주 바꾸었냐고 물어보는 분들이 계셨지만 거창히 설명할 만한 이유가 없었다. 단지 다양한 메뉴를 만들어 많은 사람과 나누고 싶었고, 계절에 따라 변하는 재료를 이용해 자연스럽게 흐르는 메뉴를 만들고 싶었던 것 같다.

그 기간 동안 만들었던 많은 메뉴들 중에는 반응이 안 좋거나 사정에 의해 소리 없이 사라진 메뉴도 꽤 있는데, 그런 와중에도 꾸준히 좋은 피드백을 받았던 메뉴가 바로 단호박 수프였다. 흔한 메뉴이고 특별할 것이 없어 금방 반응이 시들해질 것이라 생각했다. 그런데 예상 외로 솥을 텅텅 비우며 마감하게 되는 기쁨과 고마움을 안겨주었다. 살다 보면 화려한 기쁨 못지않게 이 수프처럼 단순하고 구수한 진심이 필요할 때가 종종 있는 것 같다.

재료

우유 400㎖
단호박 300g
볶은 양파 1T
소금 1/4t

TIP

- 삶은 단호박과 캐러멜라이징한 볶은 양파(38쪽 참고)는 넉넉히 만들어 냉동 보관해두면 편리하다.
- 단호박은 일반적으로 많이 사용하는 수분이 많은 보통 단호박과 퍽퍽하고 밀도 높은 밤단호박이 있는데, 수프를 끓일 때는 이 두 가지를 섞어 사용해도 맛이 좋다. 계절이나 단호박의 상태에 따라 당도에 차이가 나는데, 단맛이 부족하게 느껴진다면 볶은 양파를 더 추가하거나 꿀을 넣는다.
- 단호박 5 : 감자 1 비율로 만들면 묵직함과 고소함이 더 풍부하게 느껴지는 수프를 만들 수 있다.
- 우유는 두유나 오트밀크, 아몬드우유로 대체 가능하다.
- 취향에 따라 파슬리 가루 혹은 시나몬 가루를 첨가해도 좋다.
- 식용 꽃이나 생크림으로 장식해도 좋다.

1. 단호박은 반 갈라 씨를 제거하고 껍질을 벗겨 1~1.5cm 두께로 슬라이스한다.

2. 손질한 단호박은 끓는 물에 3~4분 동안 익히고 물을 따라낸다.

3. 단호박만 남은 냄비에 우유를 넣고 중약불에서 계속 저어가며 끓인다.

   TIP | 묵직한 수프를 끓일 때는 중약불에 맞추어 바닥까지 잘 저어야 눌어붙지 않는다.

4. 단호박과 우유가 어느 정도 풀어지면 볶은 양파 1T를 넣고 5분가량 더 끓인다.

5. 불을 끄고 핸드블렌더로 전체를 곱게 간다.

   TIP | 반드시 가스 불을 끄고 핸드블렌더를 사용한다. 믹서기를 사용하는 경우에는 조금 식혔다가 갈아준다. 불에서 내리자마자 고온의 수프를 밀폐 상태에서 고속으로 갈면 압력이 차서 위험하다.

6. 다시 중약불로 올리고 계속 저어가며 5분 정도 끓이다가 마지막에 소금 1/4t로 간하고 마무리한다.

   TIP | 소금으로 간을 하면 단맛이 느끼하지 않게 뚜렷이 올라온다.

A VEGETABLE
LUNCH BOX

맑은 연근 완자 수프

(58) 연근으로 만드는 요리의 매력은 전분을 이해하면서 진가를 발휘한다. 연근을 갈아서 전을 부치면 감자전처럼 쫀득하고 고소한데, 연근조림이나 찐 연근을 씹을 때 쩍쩍 갈라지는 특유의 식감이 바로 연근의 전분을 알리는 신호였던 것이다. 연근을 강판에 갈면 구멍이 송송 뚫린 귀엽고 독특한 모양은 잃게 되지만 전혀 새로운 요리를 만들 준비가 완료된다. 여기에 메밀가루나 찹쌀가루를 더해 동그랗게 빚어 뜨거운 물에 익히면 연근 완자가 완성된다. 이 레시피처럼 수프를 끓여도 좋고, 떡국이나 된장국에 넣어도 별미다.

재료

연근 140g

토마토 200g

방울 양배추 60g

콜리플라워 50g

샐러리 50g

미니 당근 40g

닭육수 500㎖

물 200㎖

볶은 양파 1T

메밀가루 3T

소금 1, 1/2t

올리브오일 조금

레몬 슬라이스 2개

후추 1꼬집

TIP

- 조금 더 쫀득한 식감을 원한다면 메밀가루 대신 찹쌀가루를 추천한다.
- 걸쭉하지 않은 형태의 수프라 밥과도 잘 어울리고 식사빵이나 쌀국수 면을 추가해도 좋다.
- 콜리플라워와 방울 양배추는 너무 흐물거리게 오래 익히는 것보다 식감이 살아 있는 상태가 더욱 맛있다. 겉면만 살짝 그을렸다가 수프에 넣으면 은은한 불 향이 올라와서 더욱 감칠맛 있는 맑은 스튜가 만들어지니, 조금 귀찮더라도 두 가지를 먼저 볶고 덜어내었다가 마지막에 다시 넣는다.
- 닭육수는 37쪽을 참고한다.
- 양파 캐러멜라이징(볶은 양파)은 38쪽을 참고한다.
- 마지막에 레몬 혹은 라임 제스트를 넣으면 좀 더 깔끔하고 이국적인 맛으로 즐길 수 있다.
- 고수 잎을 올려 장식해도 좋다.

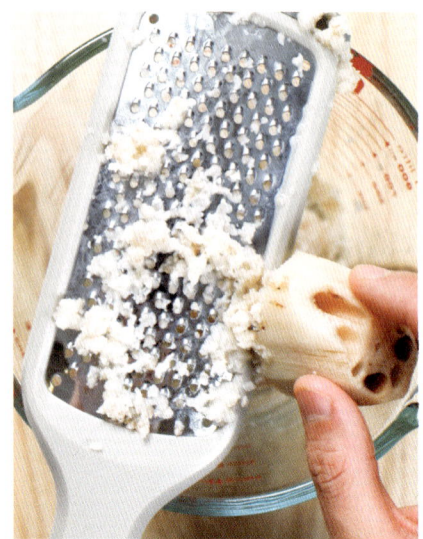

1. 연근은 껍질을 제거하고 강판에 간다.

2. 볼에 간 연근, 메밀가루 3T, 소금 1/2t를 넣고 섞어 연근 완자 반죽을 완성한다.

3. 끓는 물에 반죽을 동그랗게 한 스푼씩 떠 넣어 익힌다.
4. 연근 완자의 겉면이 투명하게 익으면 건져낸다.

5. 토마토, 방울 양배추, 콜리플라워, 샐러리, 미니 당근은 먹기 좋은 크기로 썬다.

6. 올리브오일을 두른 팬에 방울 양배추, 콜리플라워를 넣고 중불에서 겉면만 노릇하게 구워냈다가 따로 덜어둔다.

7. 팬에 다시 올리브오일을 두르고 샐러리, 미니 당근을 넣고 중불에서 향을 내어 볶는다.

8. 샐러리와 미니 당근 걸면이 살짝 투명해지면 토마토를 넣고 2~3분간 더 볶는다.

9. 닭육수, 물, 소금 1t, 볶은 양파 1T를 넣고 푹 끓인다.

   TIP | 이때 벗겨지는 토마토 껍질은 건져낸다. 많은 양의 수프를 만든다면 토마토 껍질을 미리 벗겨 넣으면 좋고, 지금 정도의 양이면 떠오른 것을 바로 건져내는 것이 번거로움이 적다.

10. 수프가 끓어오르면 볶아둔 콜리플라워와 방울 양배추, 연근 완자를 넣고 2~3분 더 끓인다.

11. 도시락에 완성한 수프를 담고 레몬 슬라이스와 후추 한 꼬집을 뿌려 완성한다.

A VEGETABLE
LUNCH BOX

광어 뼈로 육수를 낸
감자 무 스튜

(59) 밥 위주의 식사를 판매하다 보니, 국을 끓이는 경우가 많았다. 가장 자주 끓인 국은 엄마가 진하게 우려낸 멸치육수를 베이스로 만든 된장국이었지만, 가끔씩 생선육수를 사용한 국을 끓이기도 했다. 자주는 아니지만 국물 속에 영양을 채우고 싶을 때는 민어나 장어 뼈를 우려낸 육수를 사용했다. 생선 뼈를 베이스로 만들 때는 아무래도 비린내가 날 수 있어 이리저리 방법을 알아봤지만 실패한 적도 제법 있었다. 판매하면서도 행여 내가 느끼지 못한 비린내가 남진 않았을까 걱정되어 다른 메뉴들에 비해 매우 조심스럽게 냈다. 여러 번 끓이며 깨달은 점은, 뼈를 구우면 비린내 걱정이 사라진다는 것과 두툼하게 썬 당근이 이 육수에 꽤 잘 어울린다는 것, 그리고 마지막에 생강을 올려 먹으면 국이 무한대로 넘어간다는 것이었다. 우선 육수만 잘 우려내면 취향껏 재료를 첨가해 국으로, 수프로, 혹은 죽으로 어떻게 만들어 먹든 좋은 메뉴이다.

재료

광어 서덜 200g

감자 200g

무 100g

당근 70g

보리 60g

부지깽이나물 50g

다시마 30g

물 2ℓ

우유 100㎖

건고추 2개

미소 된장 2t

소금 1t

채 썬 생강 조금

TIP

- 보리는 도시락을 먹기 직전에 섞어야 탱글탱글한 식감을 즐길 수 있다. 보리에 올리브오일을 살짝 뿌려 겉면을 코팅하면 크게 불지 않는다. 바로 먹는 경우에는 보리와 스튜를 같이 끓여도 좋다.
- 광어 서덜 대신 다른 흰 살 생선 뼈를 활용해도 좋다.
- 생강은 생략해도 되지만 마지막에 생강을 살짝만 올려도 깔끔하고 신선한 맛을 즐길 수 있다.
- 남은 생선육수는 냉동 보관했다가 된장국이나 맑은 국을 끓일 때 활용해보자. 생선 뼈를 구워 우려내어 비린내 없이 깔끔하고 구수한 맛이 난다.
- 부지깽이나물은 향을 내주는 채소라 생략해도 된다.

1. 다시마에 물 2ℓ를 붓고 최소 2~3시간 우려낸다. 전날 밤에 미리 우려두면 더욱 좋다.

   TIP | 차가운 물에 다시마를 넣고 끓이다가 끓기 시작하면 불에서 내려 20분간 그대로 두는 방법도 있다.

2. 감자, 무, 당근은 먹기 좋은 크기로 깍둑썰기하고 부지깽이나물은 뿌리만 다듬는다.

3. 보리는 끓는 물에 소금 1t를 넣고 15~20분가량 삶는다.

4. 보리가 익으면 차가운 물로 한 번 씻어 체에 밭친다.

TIP | 보리의 전분기를 제거해 맑은 국물을 만들 수 있다.

5. 광어 서덜은 깨끗하게 씻어 수분을 제거하고 토치로 타지 않을 정도로 그을린다.

   TIP | 뼈와 지느러미 부분을 집중적으로 구워야 비리지 않고 구수함이 우러나는 육수가 나온다. 토치가 없다면 석쇠를 사용하거나 마른 팬에 구워도 좋다.

6. 우러난 다시마물과 다시마를 그대로 냄비에 부어 가장 약한 불에서 끓인다. 가장자리에 기포가 보글보글 생기기 시작하면 20분간 더 끓이고 다시마를 건져낸다.

   TIP | 낮은 온도에서 은근히 끓여야 다시마의 감칠맛이 잘 우러난다.

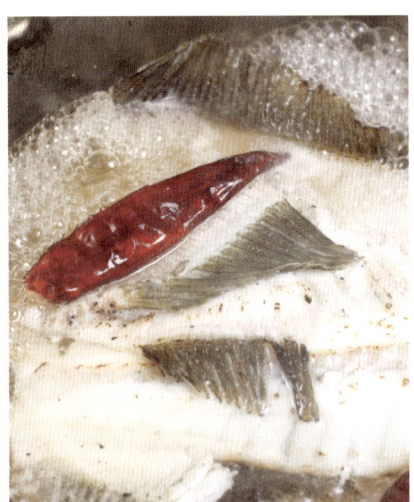 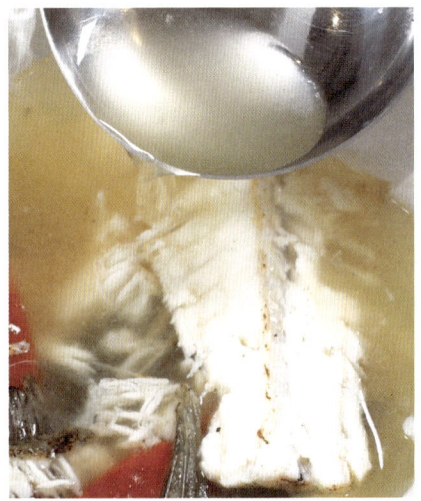

7. 다시마물에 구운 광어 서덜과 건고추를 넣고 중불에서 15~20분간 끓인다.

8. 체에 고운 천을 깔고 육수를 걸러 깨끗한 육수만 남긴다.

   TIP | 천 대신 종이호일을 사용할 경우, 가는 바늘로 구멍을 군데군데 내어 거른다.

9. 육수에 미소 된장 2t, 우유를 넣고 약불에서 끓이다가 기포가 올라오면 손 질한 감자, 무, 당근을 넣고 중불에서 15분간 끓인다.

10. 스튜에 부지깽이나물을 넣고 더 끓이다 숨이 죽으면 불에서 내리고 도시락에 담은 뒤 가늘게 채 썬 생강을 얹어 마무리한다.

    TIP | 삶은 보리는 도시락을 먹기 직전에 올린다.

A VEGETABLE
LUNCH BOX

두유를 넣은
뿌리채소 스튜

(60) 실력보다 열정이 앞서던 시절, 스튜를 끓이면 어떤 날은 맛있는데 어떤 날은 시큼한 맛이 올라왔다. 소금을 넣거나 다진 마늘을 더 넣어도, 볶은 양파를 넣어도 마지막에 남는 이상한 신맛이 잡히지 않았다. 나는 분명히 구수한 재료만 넣었는데 왜 스튜에서 시큼한 맛이 나는지 도무지 알 수가 없어 답답했다. 그렇게 여러 번 실패를 거듭하다가 드디어 원인을 찾아냈다. 요리 초반에 향을 내겠다고 기름에 볶은 마늘이 계속 팬에 남아 다른 재료를 볶는 과정에서 타버렸는데, 거기에 그대로 물을 부어 끓였으니 원인 모를 시큼한 맛이 난 것이다. 다행히 이제는 시간과 불을 적절히 조절할 수 있어 그런 실수가 거의 없다. 혹시나 초반에 재료를 마늘과 함께 볶는 과정에서 예전의 나처럼 실수할까 불안하다면, 마늘을 두툼하게 썰어 향만 내고 건져낸 다음 채소를 볶을 것을 추천한다.

재료

토란 250g

무 200g

당근 70g

시금치 50g

완두콩 30g

닭육수 500㎖

두유 150㎖

물 100㎖

다진 마늘 2T

소금 조금

올리브오일 조금

후추 조금

TIP

- 토란은 고구마, 연근, 감자 등 계절에 따라 다른 채소로 대체 가능하다.
- 닭육수는 37쪽을 참고한다.
- 송송 썬 쪽파를 뿌려 마무리해도 좋다.

1. 시금치는 뿌리 부분을 잘라낸다.

2. 무, 당근은 먹기 좋은 크기로 큼직하게 자른다.

3. 토란은 껍질을 깎아 소금 1T를 넣은 끓는 물에 5분간 삶은 뒤 식혀 먹기 좋은 크기로 자른다.

   TIP | 토란의 진액과 아린 맛을 제거하는 과정이다.

4. 팬에 올리브오일을 두르고 약불에서 다진 마늘 1T를 볶아 향을 낸다.

5. 팬에 무, 당근과 함께 소금 1t를 넣고 중불에서 볶는다.

   TIP | 마늘이 타지 않도록 주의한다.

6. 무와 당근이 익어 겉면이 살짝 투명해지면 닭육수를 붓고 중불에서 10분간 끓인다.

7. 토란, 두유, 물, 완두콩, 소금 1t를 넣고 약불에서 10분간 더 끓인다.
   TIP | 두유를 붓고 난 후에는 약불로 계속 저어가며 끓여야 바닥에 눌어붙지 않는다.

8.   충분히 끓으면 시금치, 다진 마늘 1T, 후추 조금을 넣고 2~3분간 더 끓여 마무리한다.

A VEGETABLE
LUNCH BOX

우엉 버섯볶음을 올린
연근 감자 그라탱

(61) 몇 년 전 친구와 일본 여행을 갔다가 맥주와 화덕 피자를 먹으러 어느 펍에 들어갔다. 우리는 연근 피자를 주문했는데 간장 베이스의 양념에 연근과 치즈가 듬뿍 올라간 그 피자는 예상보다 훨씬 맛있어 순식간에 한 판을 비워냈다. 친숙한 재료와 흔한 양념일 수 있지만 한국에 돌아와서도 그 피자를 다시 먹으러 가고 싶다는 이야기를 종종 나누곤 한다. 이 그라탱은 그때 그 피자를 떠올려 달콤 짭짤한 간장 베이스의 우엉 버섯볶음을 올리고 층층이 얇은 연근 슬라이스를 더해 라자냐처럼 만든 메뉴이다.

재료

감자 350g
연근 50g
우엉 30g
양송이버섯 30g
소고기 다짐육 50g
모차렐라 치즈 50g
올리브오일 1T
볶은 양파 1T
소금 2t

감자 양념

우유 50㎖
버터 20g
설탕 1t
소금 1/2t

볶음 양념

간장 2T
물 1T
설탕 1T
청주 1/2T

TIP

- 전날 미리 초벌로 구워 식힌 뒤 냉장 보관하면 편리하다. 먹기 전에 전자레인지나 오븐으로 살짝 데워 먹으면 된다. 유제품이 들어가 도시락으로 가져가기에 상할 위험이 있는데 이렇게 냉장 보관하면 걱정이 없다. 처음부터 전자레인지와 오븐에서 사용 가능한 내열 용기를 사용한다.
- 양파 캐러멜라이징(볶은 양파)은 38쪽을 참고한다.
- 감태를 찢어 장식용으로 사용했지만 생략 가능하다.

1. 연근은 둥근 모양을 살려 얇게 자른다.

2. 끓는 물에 소금 1t를 넣고 연근을 2~3분간 삶았다 건져 키친타월로 물기를 제거한다.

3. 끓는 물에 소금 1t를 넣고 감자를 25분간 삶았다 건진다.

4. 감자가 뜨거울 때 분량의 감자 양념을 넣고 감자를 으깨면서 고루 섞는다. 감자가 다 으깨지면 볶은 양파 1T를 넣고 고루 섞는다.

5. 우엉과 양송이버섯은 잘게 다진다.

6. 팬에 올리브오일을 두르고 중불에서 소고기를 볶다가 우엉과 양송이버섯도 함께 넣어 볶는다. 어느 정도 익으면 분량의 볶음 양념을 넣고 충분히 저어가며 졸인다.

7. 오븐 전용 용기에 으깬 감자를 깔고 우엉 버섯볶음 - 연근 순서로 반복하여 겹겹이 쌓아 올리다가 마지막에 모차렐라 치즈를 뿌린다.

8. 180℃로 예열한 오븐에서 치즈가 다 녹을 때까지 8~10분간 익힌다.

   TIP | 도시락으로 가져가는 경우 다시 익힐 것을 감안하여 표면이 너무 많이 그을지 않도록 유의한다.

A VEGETABLE
LUNCH BOX

미소 크림 채소 그라탱

(62) 재료들을 큼지막하게 썰어 볶은 그라탱은 재료 고유의 맛이 사라지지 않아 씹을 때마다 재료 본연의 맛과 크림이 섞여 입 안 가득 고소함이 들어찬다. 그라탱은 남녀노소 구분 없이 대부분 좋아하는 메뉴인데, 맵지 않은 크림 베이스의 그라탱은 특히 아이들이 좋아하는 메뉴이다.

오빠네 가족이 잠시 해외 살이를 하느라 1년 정도 조카들을 보지 못했는데, 어느새 가리는 음식도 적어지고 이것저것 맛있게 잘 먹는다고 들었다. 조만간 조카들이 놀러 오면 꼭 해주고 싶은 메뉴 중 하나가 바로 크림 그라탱이다. 나 역시 어릴 때 엄마가 별미로 만들어주시던 그라탱은 속에 어떤 재료가 들어 있든 잘 먹었던 기억이 있다. 어린 조카도 있어서 재료를 좀 작게 썰어 넣어야겠지만, 쭉쭉 늘어나는 치즈와 고소한 크림소스는 아이들이 맛있게 먹어줄 것 같으니, 곧 다시 만나는 날에 만들어줘야겠다.

재료

양파 300g

고구마 80g

양송이버섯 50g

콜리플라워 45g

브로콜리 30g

아스파라거스 20g

칵테일 새우 100g

모차렐라 치즈 60g

버터 10g

올리브오일 2T

청주 1T

미소 크림소스

우유 450㎖

버터 30g

밀가루 3T

미소 된장 1t

후추 조금

TIP

- 크림소스를 만들 때 사용하는 우유는 약불에 살짝 데우거나, 실온에 내놓아 미지근한 상태에서 사용한다.
- 도시락이 아닌 바로 먹는 경우, 처음부터 작은 뚝배기나 주물팬에 조리하여 냄비째 테이블에 내놓아도 좋다.
- 전날 미리 초벌로 구워 식힌 뒤 냉장 보관하면 편리하다. 먹기 전에 전자레인지나 오븐으로 살짝 데워 먹으면 된다. 유제품이 들어가 도시락으로 가져가기에 상할 위험이 있는데 이렇게 냉장 보관하면 걱정이 없다. 처음부터 전자레인지와 오븐에서 사용 가능한 내열 용기를 사용한다.

1. 칵테일 새우는 청주 1T를 넣은 물로 가볍게 세척하고 키친타월로 수분을 제거한다.

   TIP | 청주를 넣은 물로 세척하는 과정은 생략해도 좋다.

2. 버터 30g과 밀가루 3T를 약불에서 계속 저어가며 미소 크림소스의 루를 만든다.

3. 루에 우유를 조금씩 붓고 약불에서 계속 저어가며 끓인다.

4. 계속 저으며 충분히 끓인 다음 미소 된장과 후추를 넣고 간을 맞추어 미소 크림소스를 만든다.

   TIP | 계속 저으며 끓여야 밀가루의 풋내가 날아가고 타지 않는다. 미소 된장 대신 소금 1/2t로 대체해도 좋다.

5. 고구마, 양송이버섯, 콜리플라워, 브로콜리, 아스파라거스는 먹기 좋은 크기로 자른다. 양파는 4~5mm 두께로 채 썬다.

6. 팬에 올리브오일 2T, 양파를 넣고 갈색빛이 되도록 볶는다.

   TIP | 양파는 너무 세지 않은 불로 충분한 시간을 들여 볶을수록 감칠맛이 올라와 요리 전체의 맛이 좋아진다.

7. 양파가 노릇해지면 고구마를 넣고 중불에서 볶는다.

8. 고구마가 반쯤 익으면 팬에 양송이버섯, 콜리플라워, 브로콜리, 새우를 넣고 더 볶는다.

9. 모든 재료가 잘 익고 노릇해지면 미소 크림소스를 조금씩 붓고 저어가며 계속 끓인다.

   TIP | 계속 저어가며 끓여야 바닥에 눌어붙지 않는다.

10. 오븐 용기에 담고 아스파라거스를 얹은 다음 모차렐라 치즈를 뿌려 180℃로 예열한 오븐에서 8~10분간 익힌다.

   TIP | 도시락으로 가져가는 경우 다시 익힐 것을 감안하여 표면이 너무 많이 그을지 않도록 유의한다.

11. 오븐에서 꺼낸 뒤, 후추를 뿌려 마무리한다.

   TIP | 치즈가 굳기 전에 뿌린다.

조말순 채소법_도시락

초판 발행 · 2022년 11월 22일
초판 2쇄 발행 · 2023년 1월 10일

지은이 · 김지나
발행인 · 이종원
발행처 · (주)도서출판 길벗
출판사 등록일 · 1990년 12월 24일
주소 · 서울시 마포구 월드컵로 10길 56(서교동)
대표전화 · 02) 332-0931 | **팩스** · 02) 323-0586
홈페이지 · www.gilbut.co.kr | **이메일** · gilbut@gilbut.co.kr

편집 팀장 · 민보람 | **기획 및 책임편집** · 방혜수(hyesu@gilbut.co.kr) | **제작** · 이준호, 손일순, 이진혁
영업마케팅 · 한준희 | **웹마케팅** · 김선영, 류효정 | **영업관리** · 김명자 | **독자지원** · 윤정아, 최희창

디자인 · 박찬진 · **교정** · 허슬기
CTP 출력 · **인쇄** · **제본** · 상지사피앤비

- 잘못 만든 책은 구입한 서점에서 바꿔 드립니다.
- 이 책은 저작권법에 따라 보호받는 저작물이므로 무단전재와 무단복제를 금합니다. 이 책의 전부 또는
  일부를 이용하려면 반드시 사전에 저작권자와 출판사 이름의 서면 동의를 받아야 합니다.

ⓒ 김지나

ISBN 979-11-407-0206-0(13590)
(길벗 도서번호 020191)

정가 30,000원

독자의 1초까지 아껴주는 길벗출판사
(주)도서출판 길벗 | IT교육서, IT단행본, 경제경영서, 어학&실용서, 인문교양서, 자녀교육서 www.gilbut.co.kr
길벗스쿨 | 국어학습, 수학학습, 어린이교양, 주니어 어학학습, 학습단행본 www.gilbutschool.co.kr